LEVER DU SOLEIL
Au COUCHER DU SOLEIL

CAHIER DE COLORIAGE POUR SE DÉTENDRE

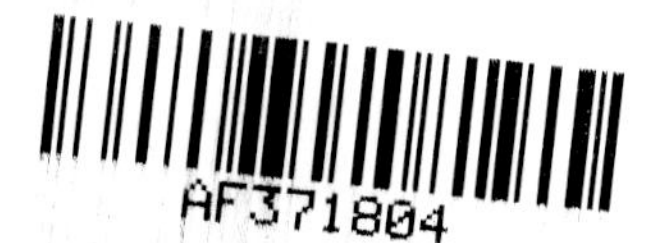

Coloring Bandit

Publié par Speedy Publishing Canada Limited

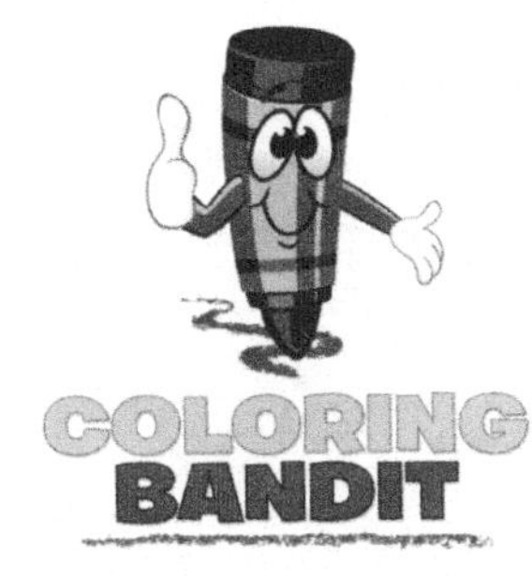

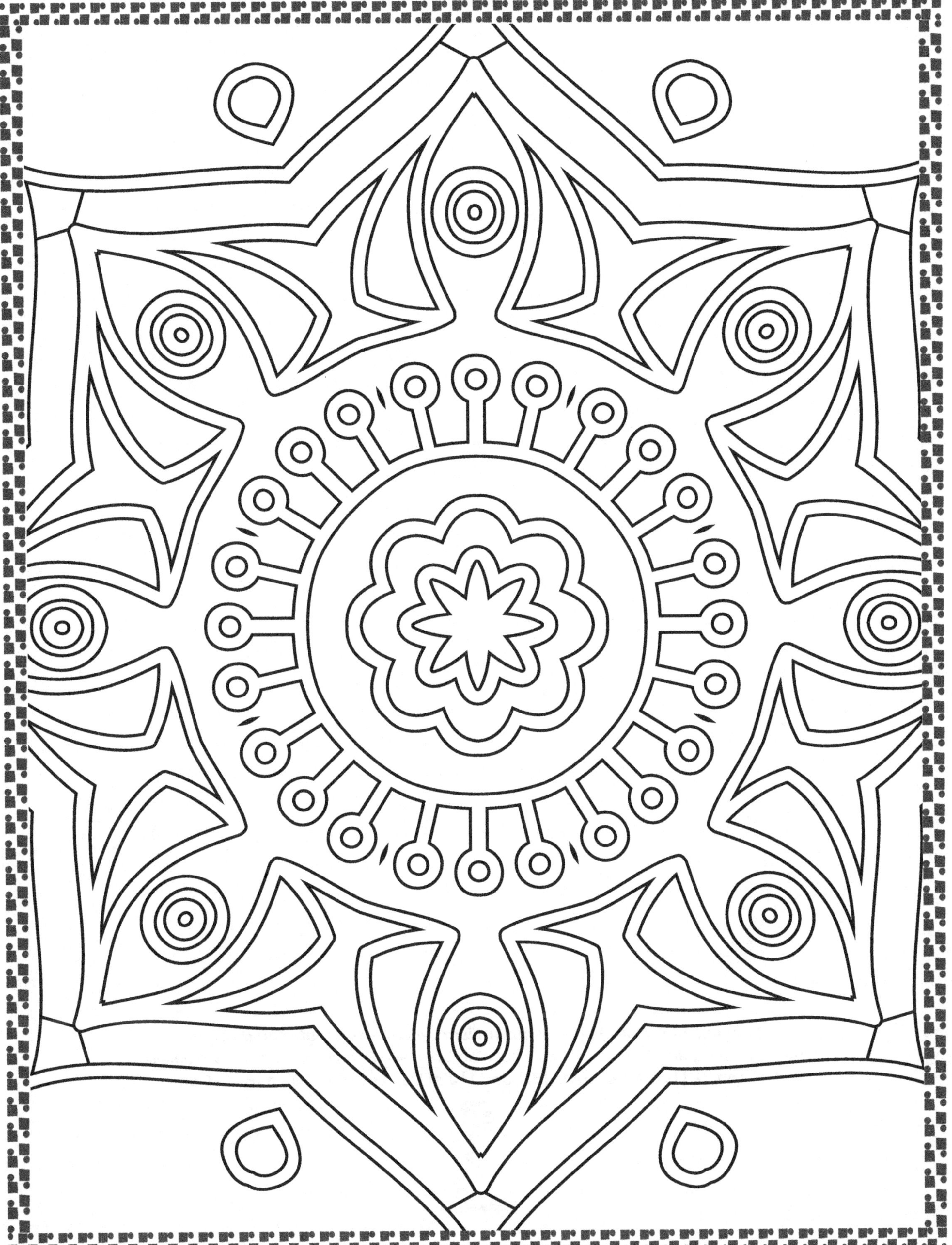

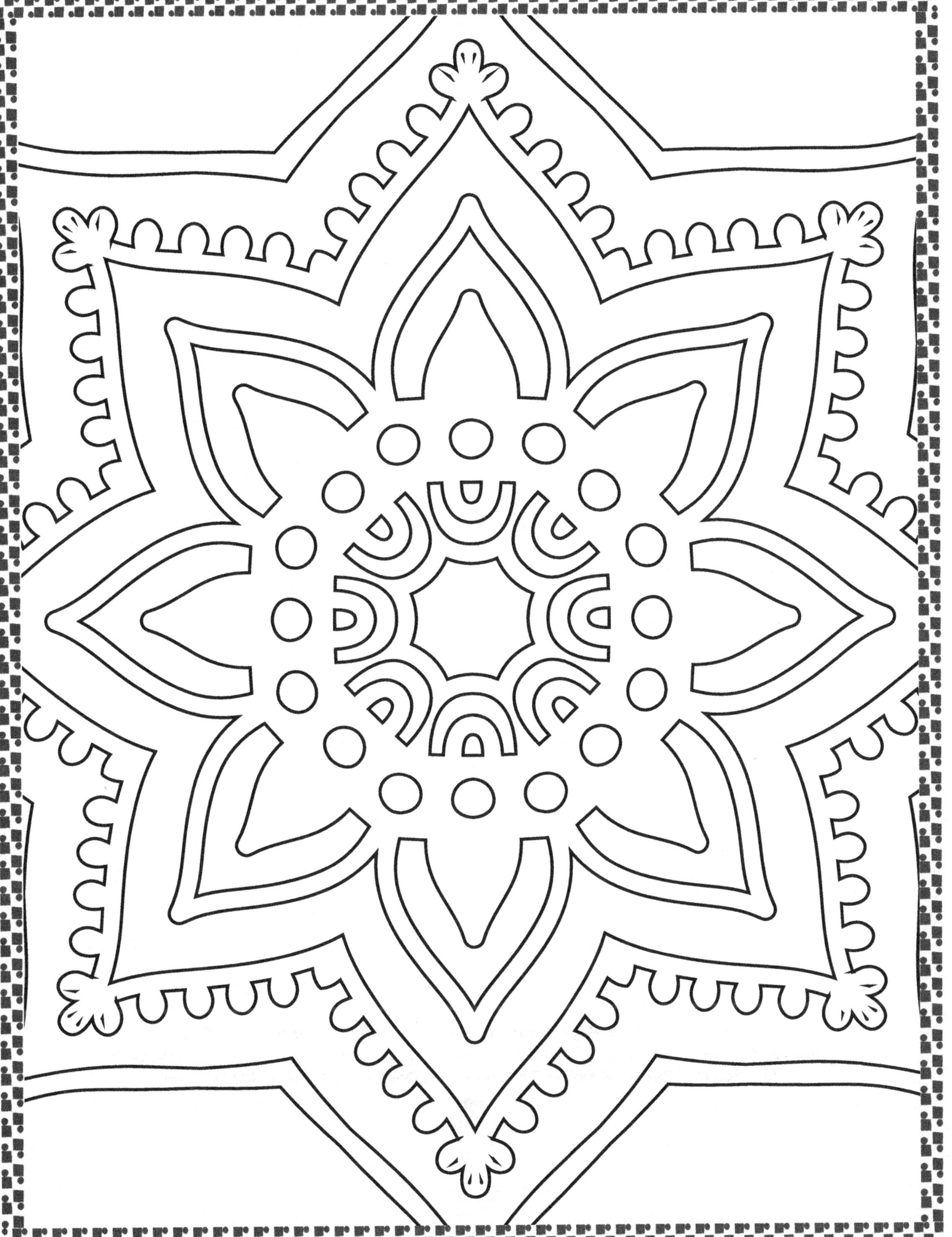

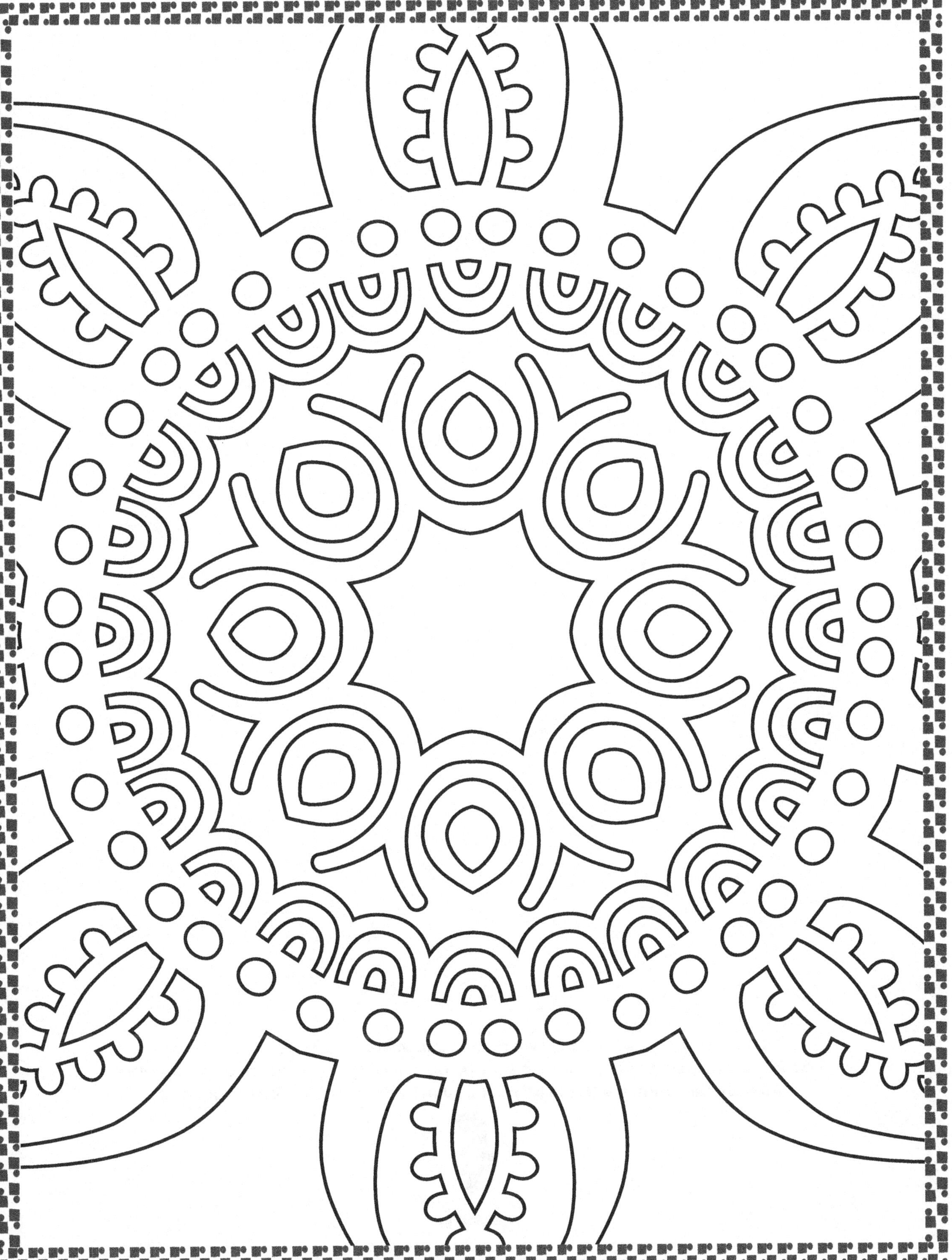

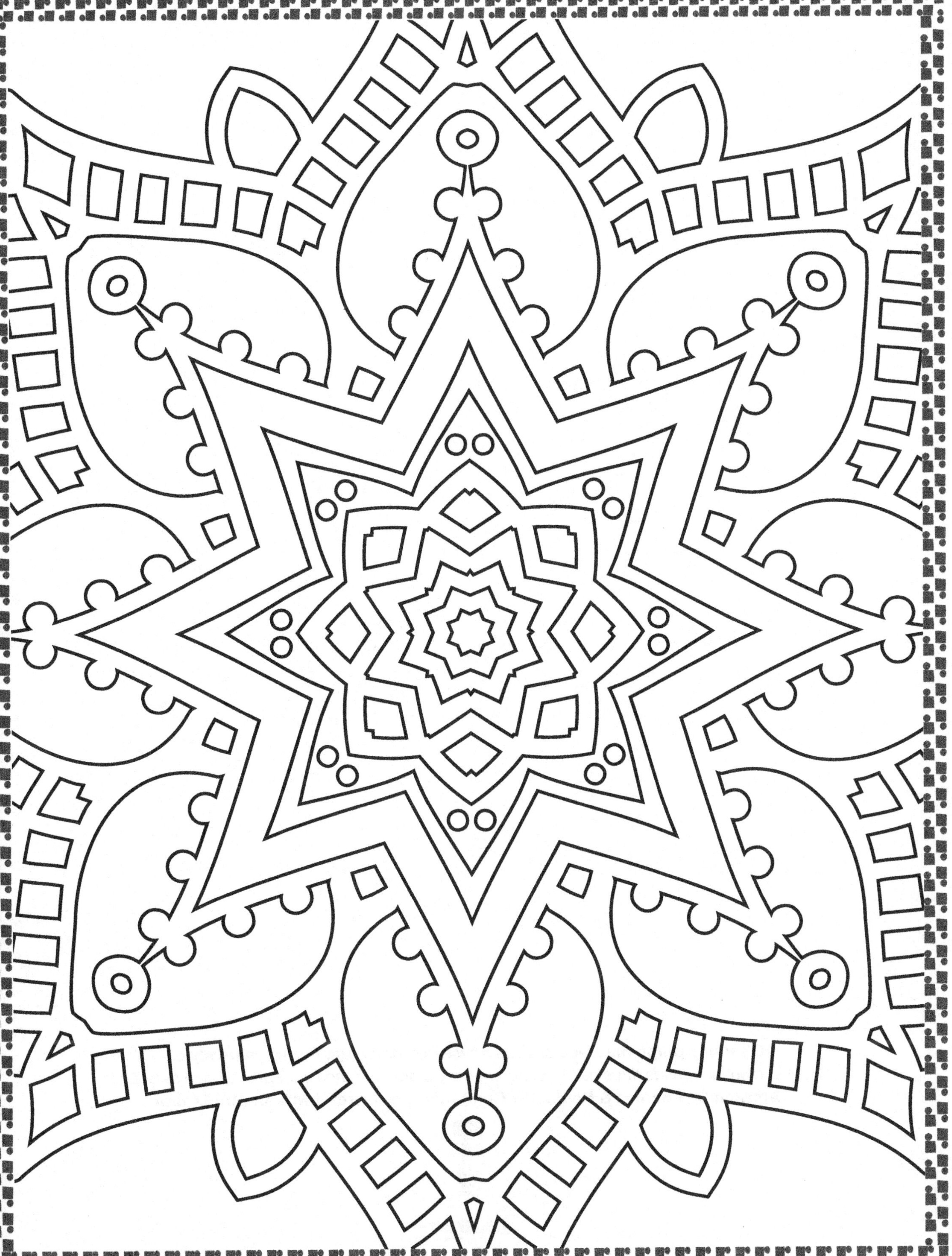

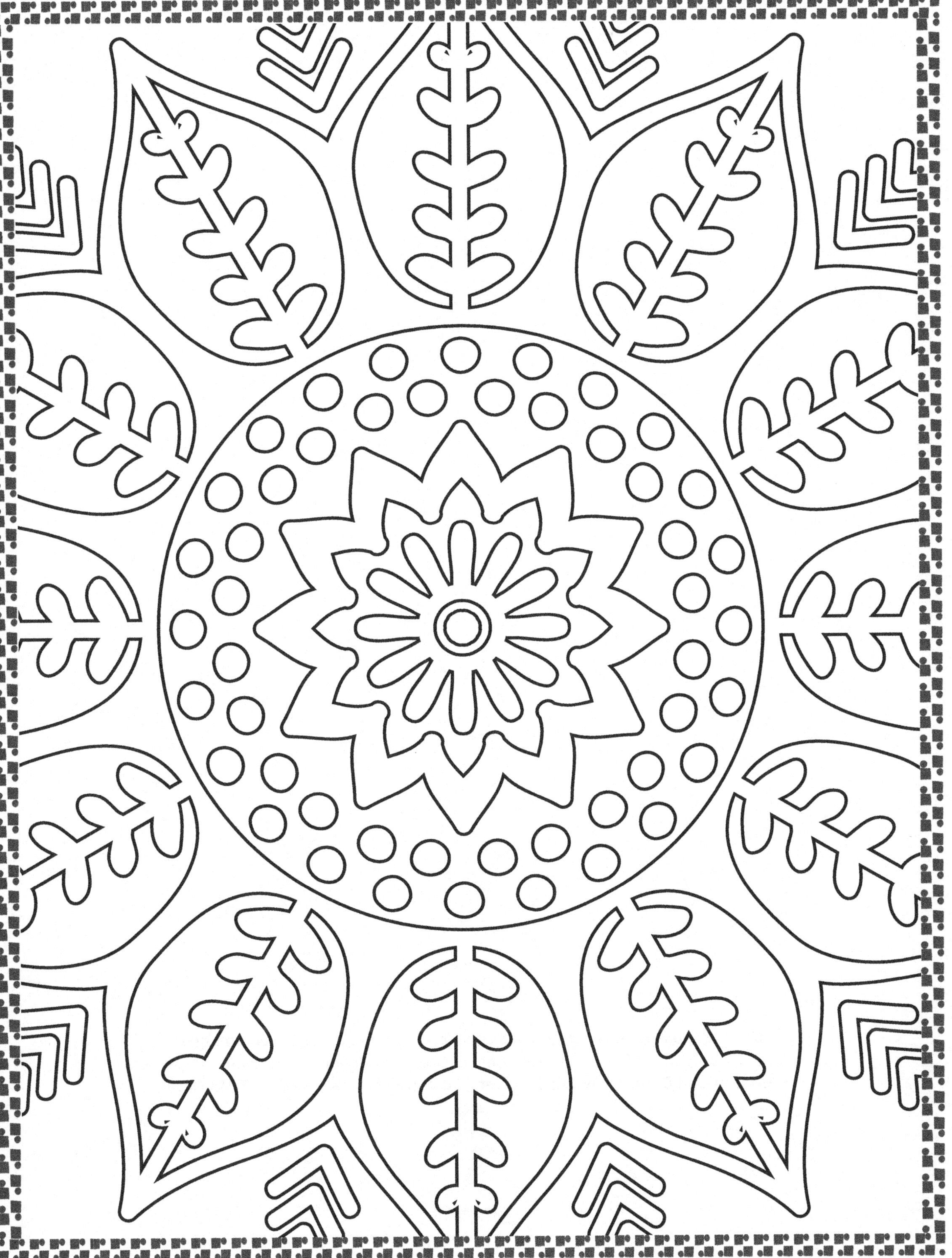

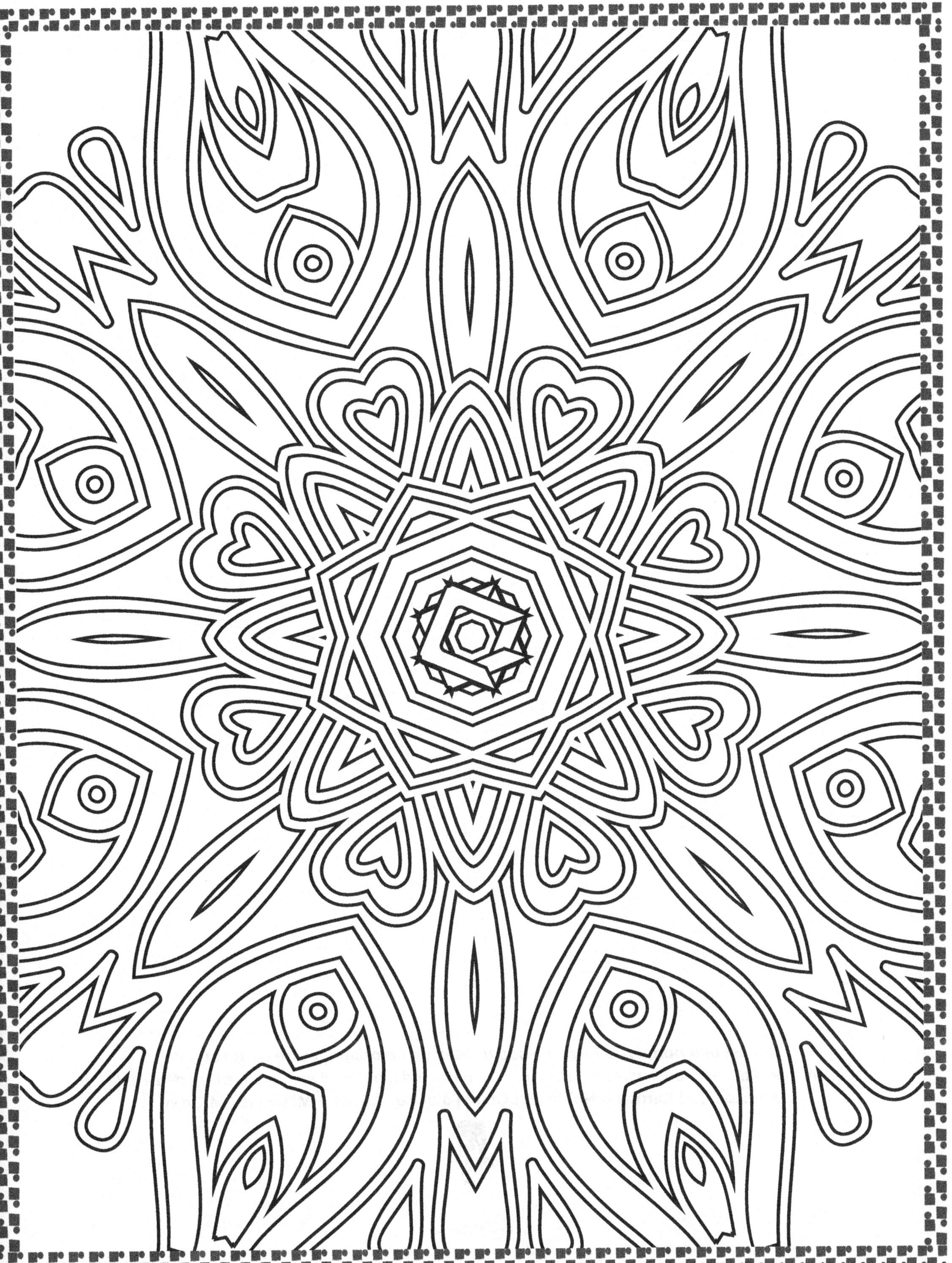

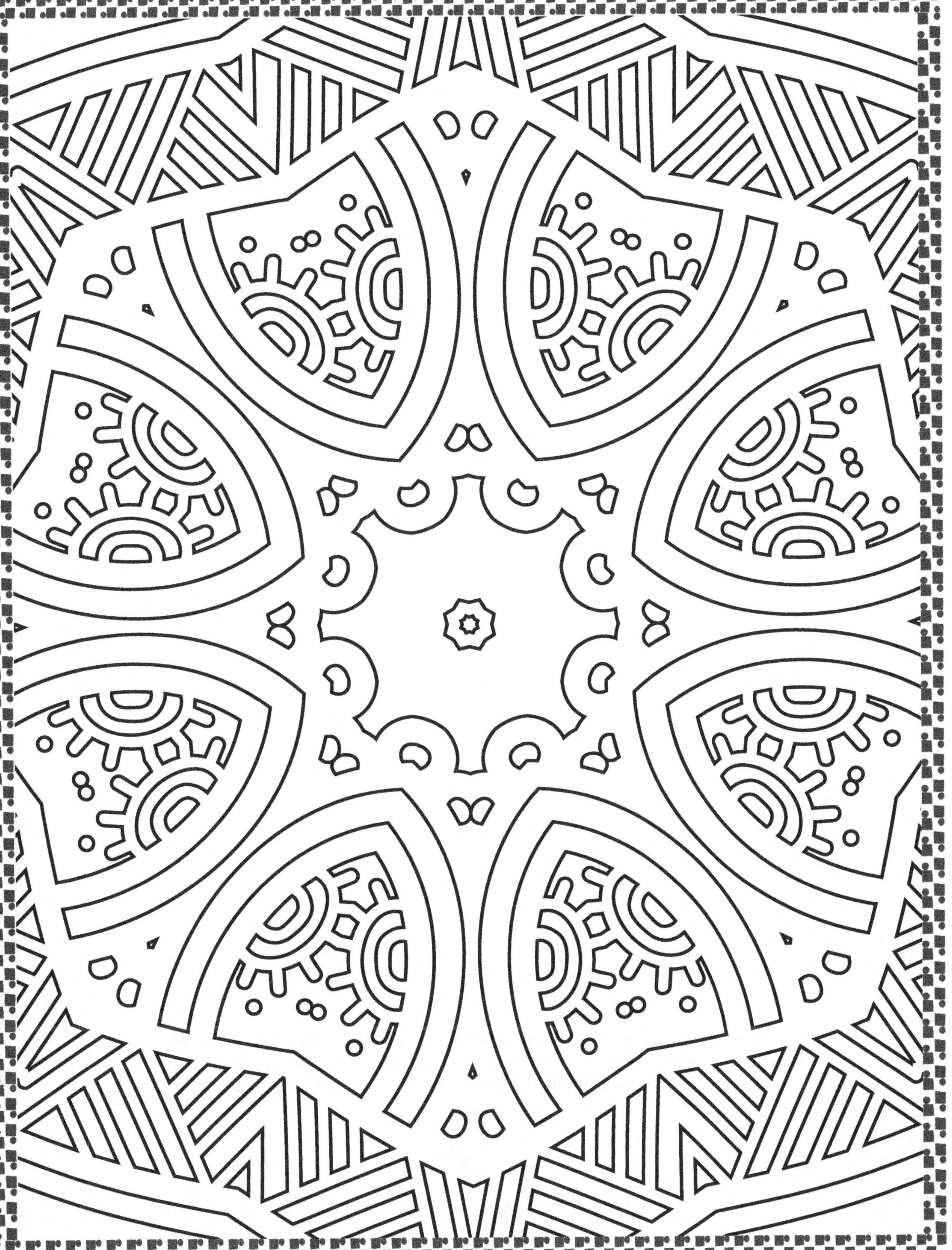

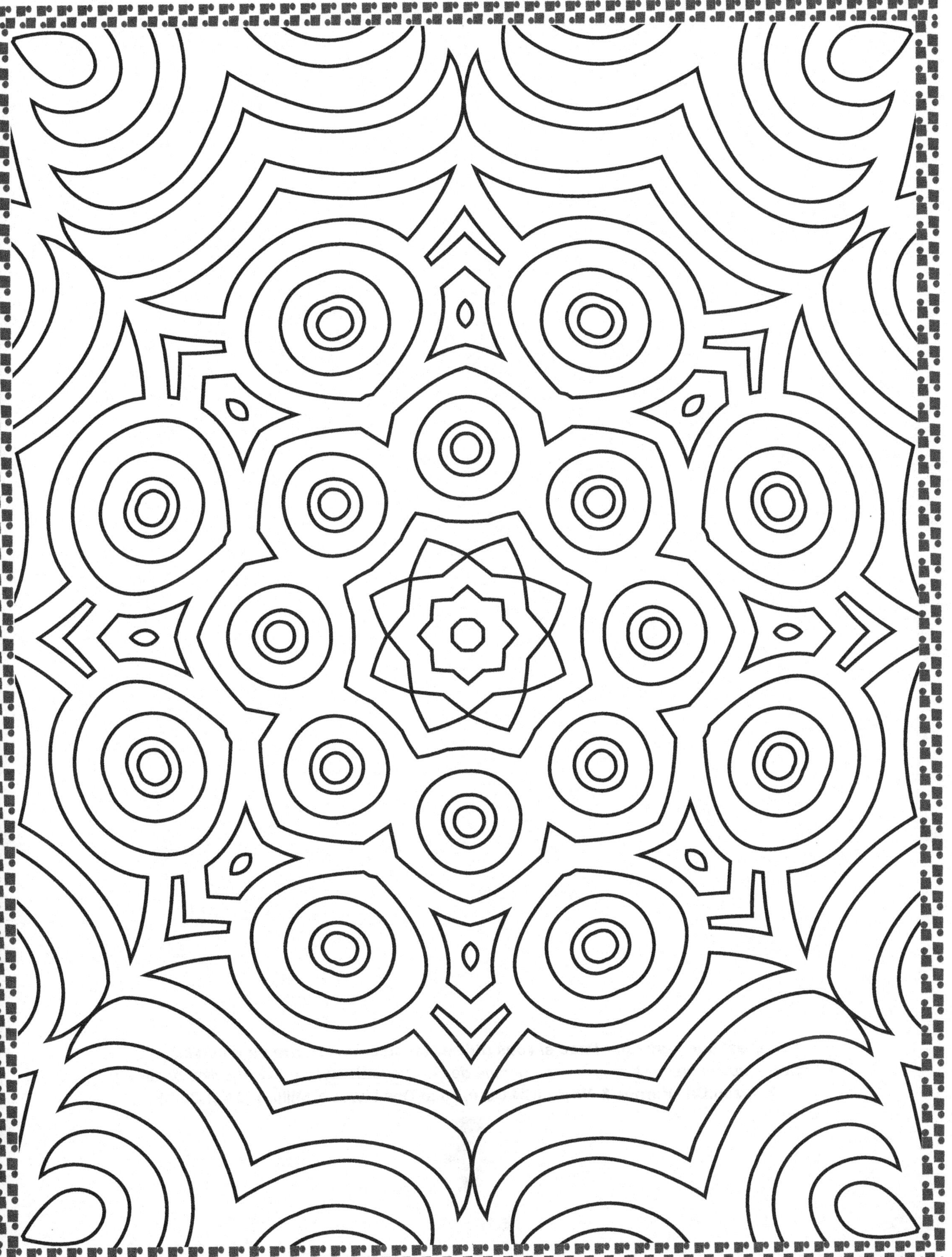

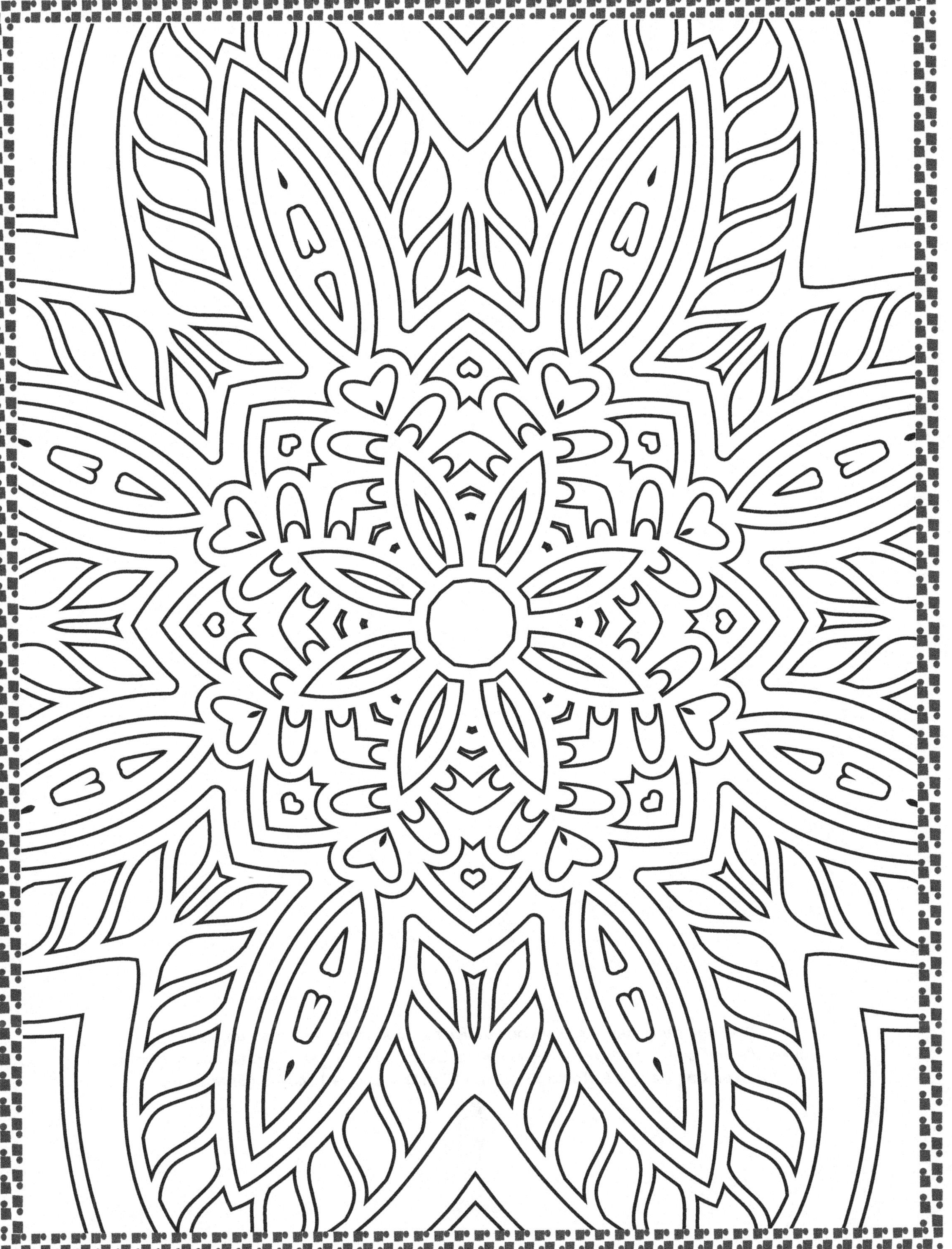

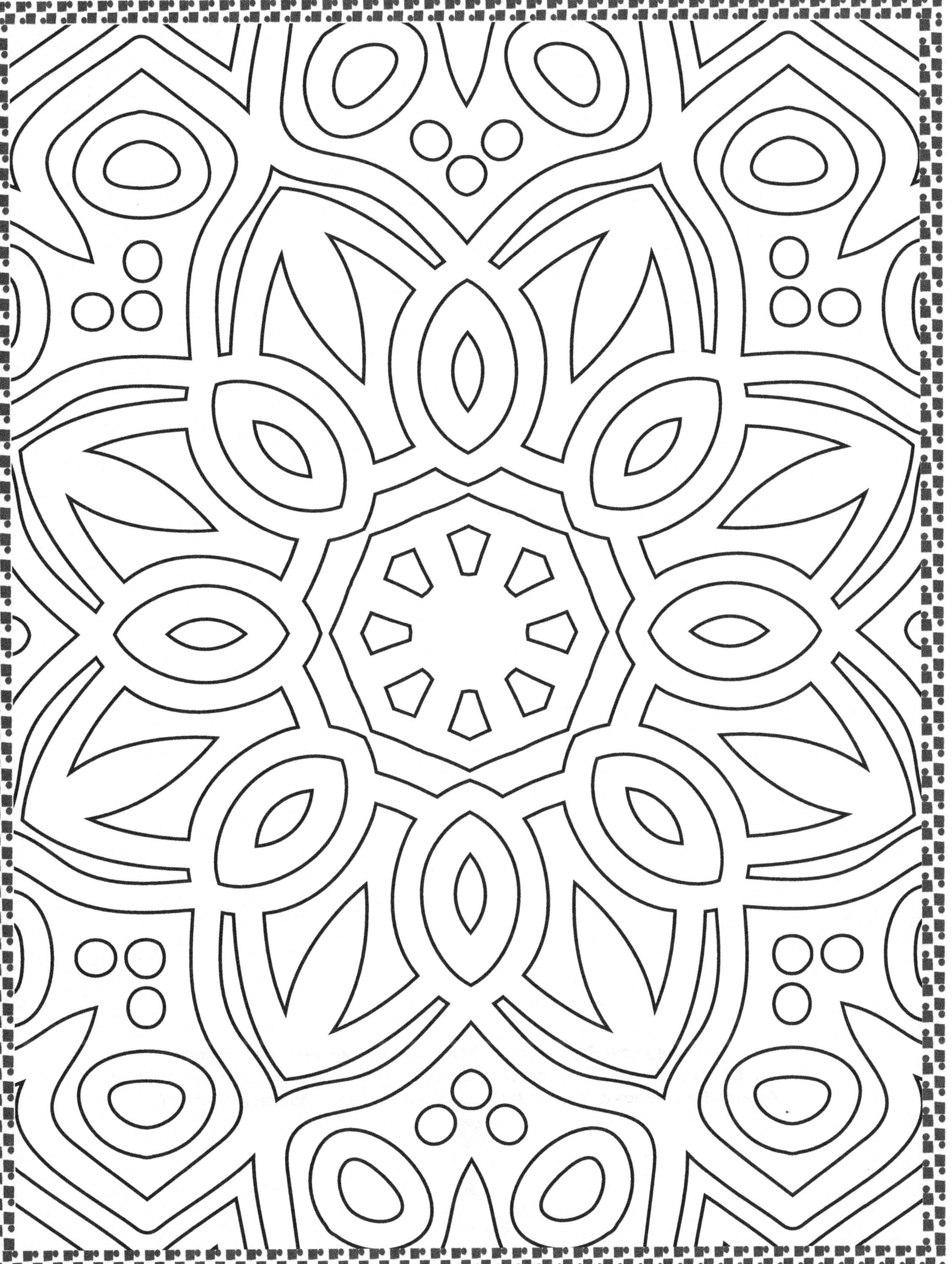

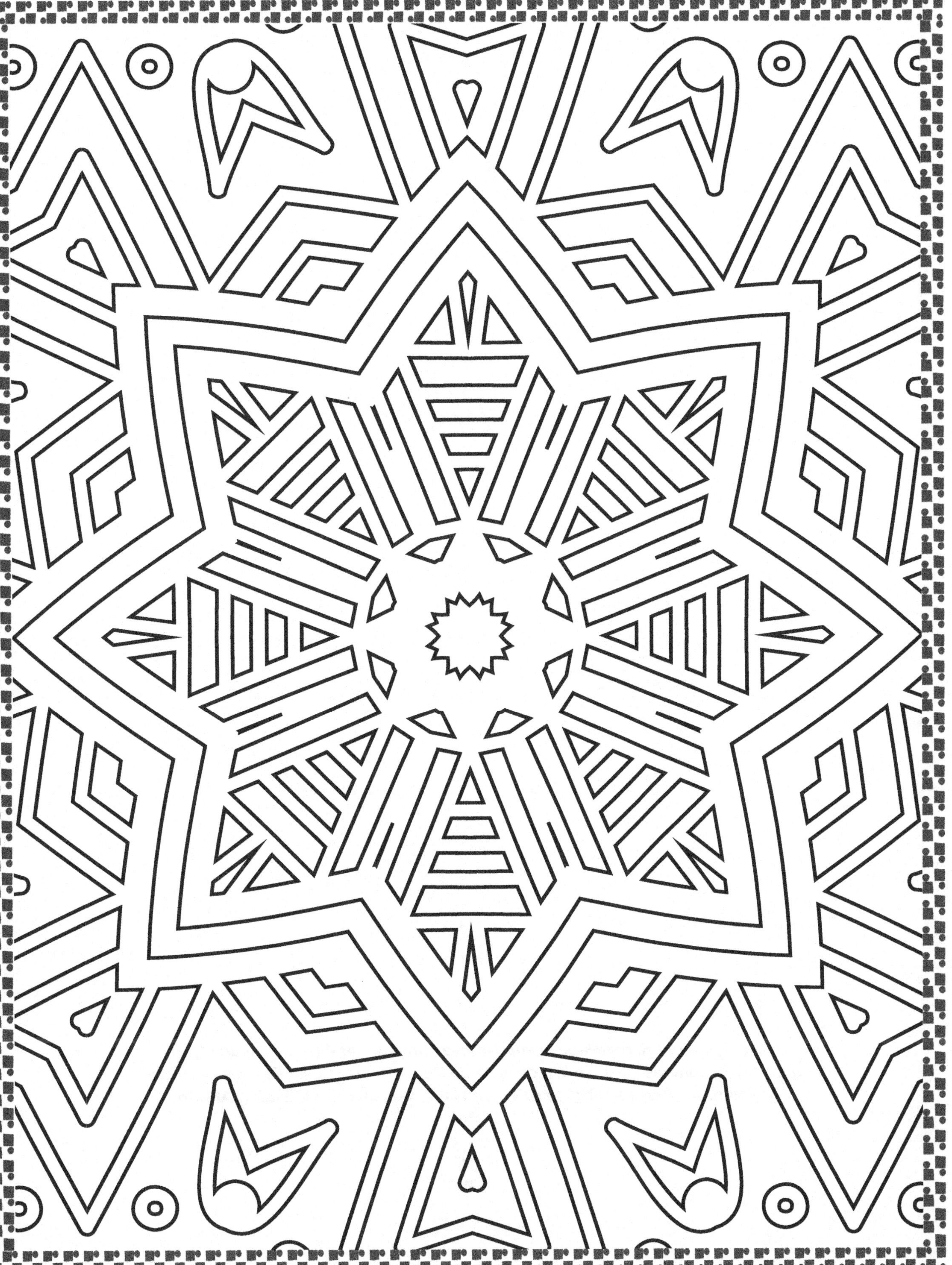

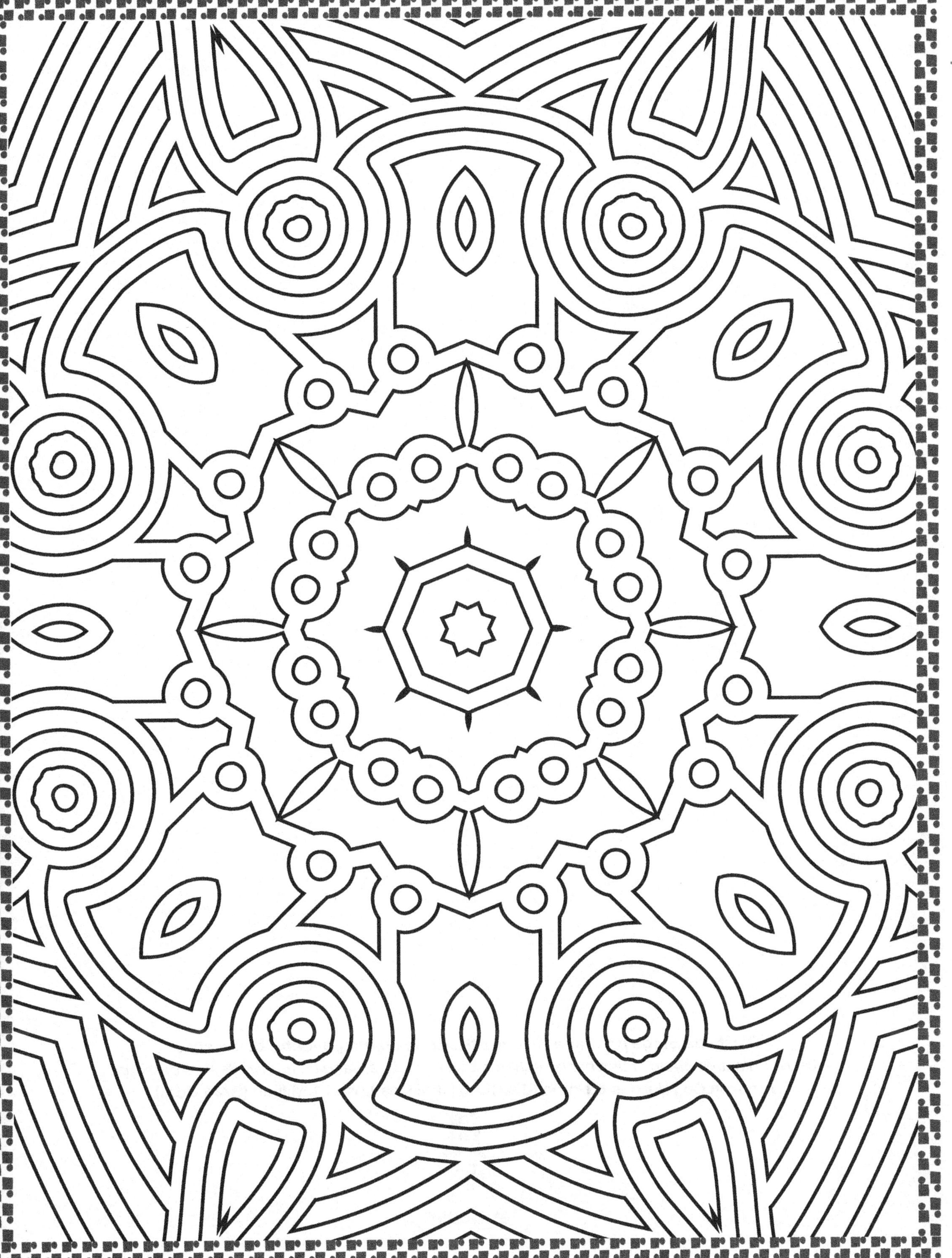

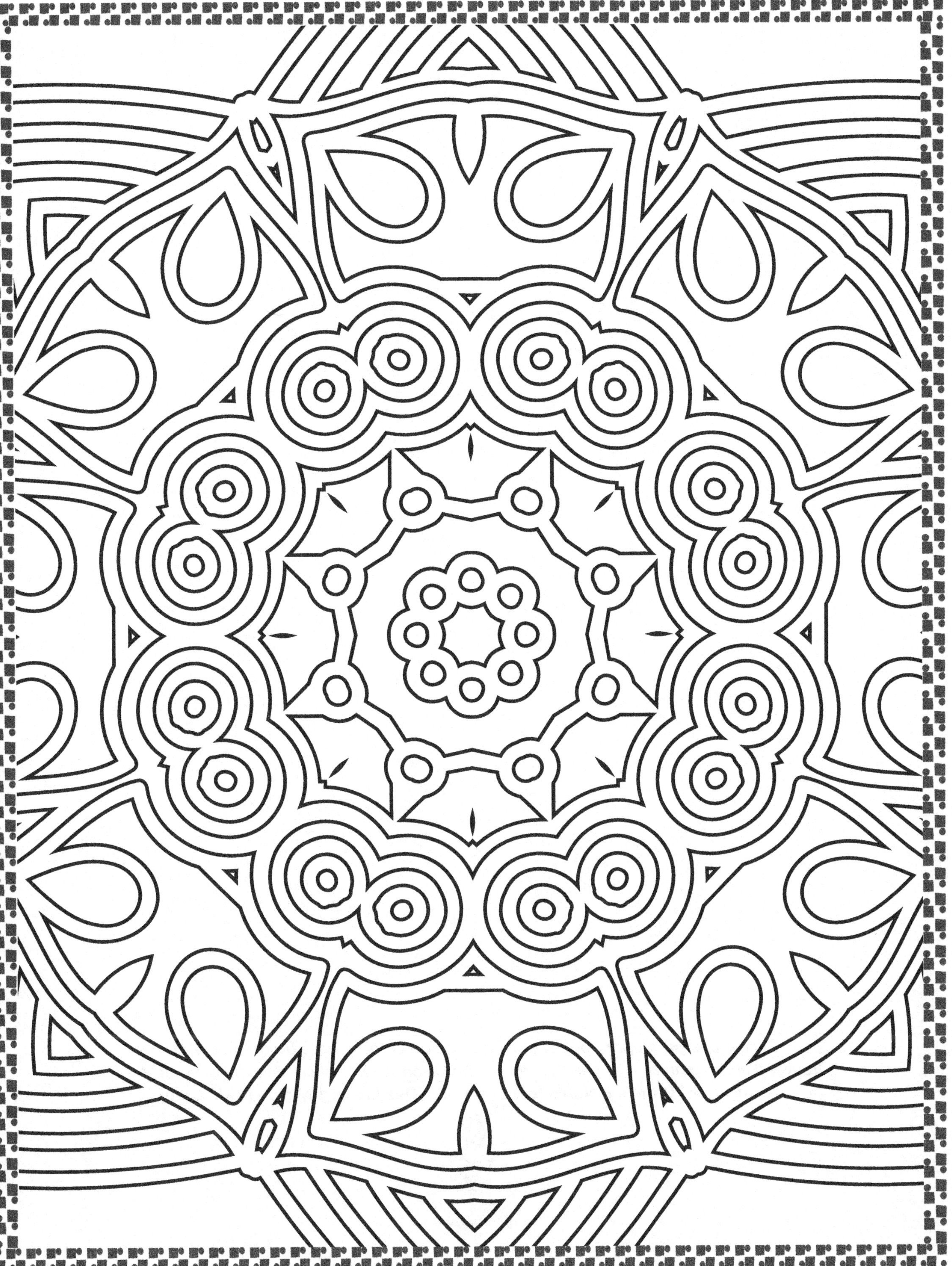

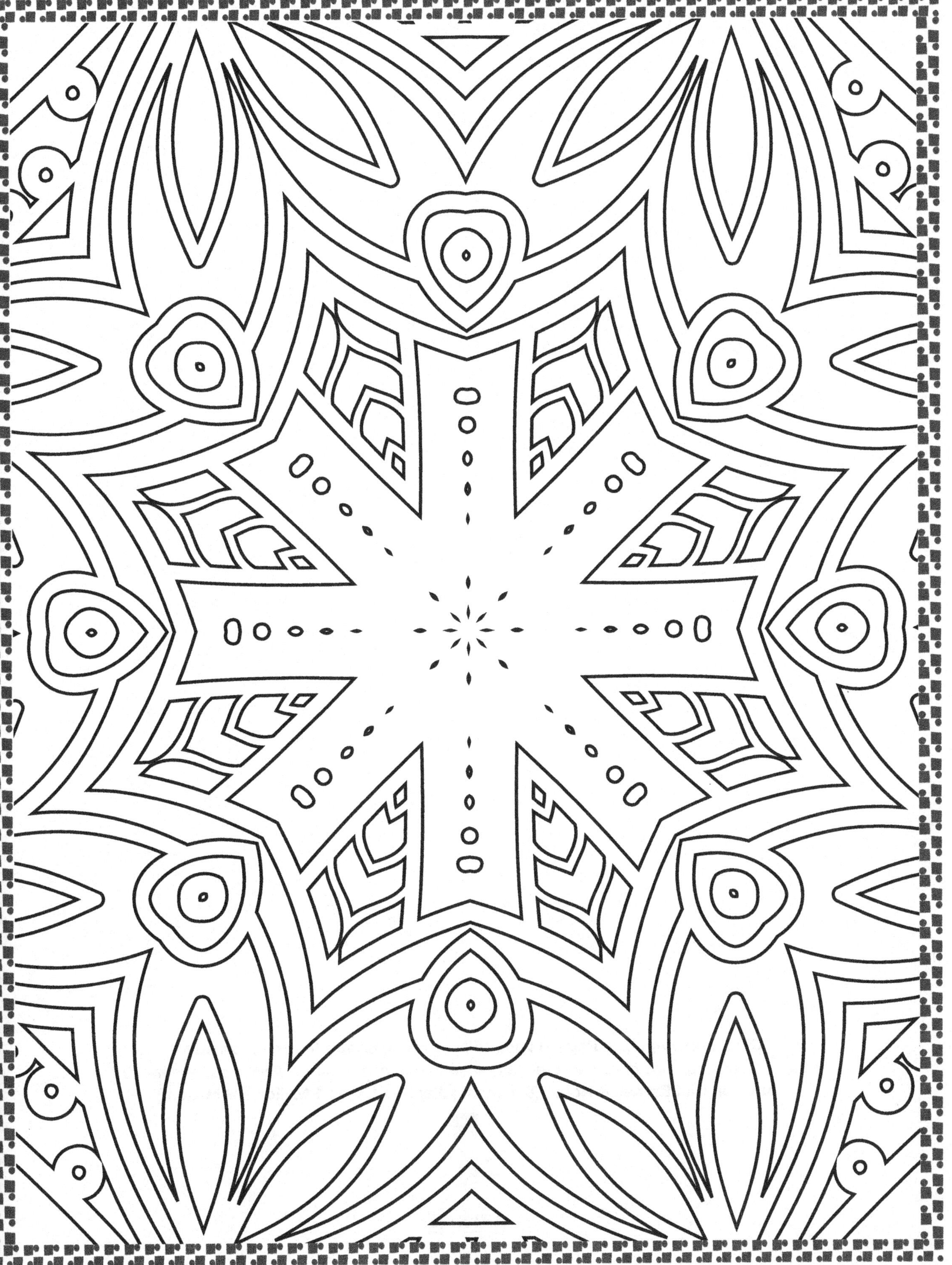

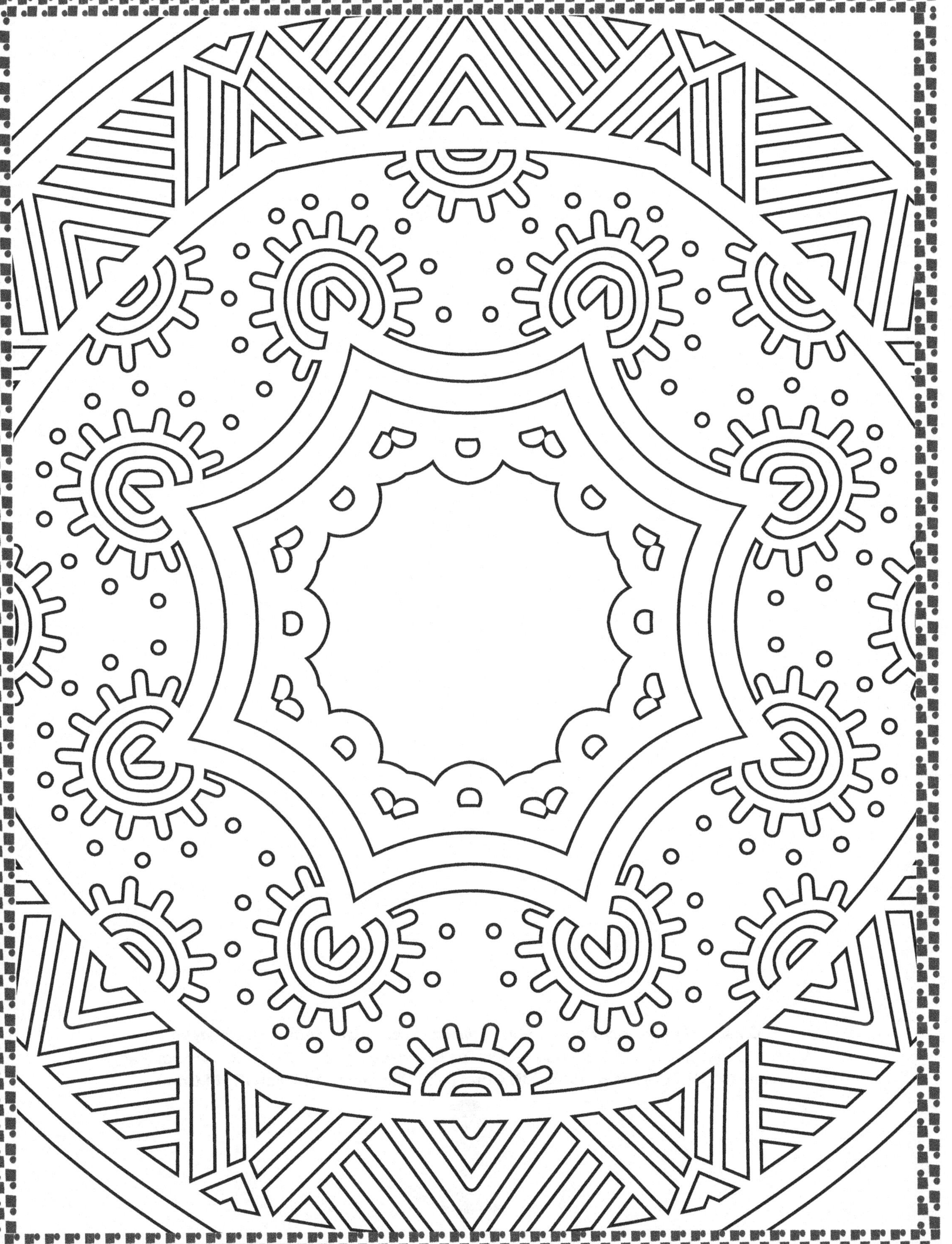

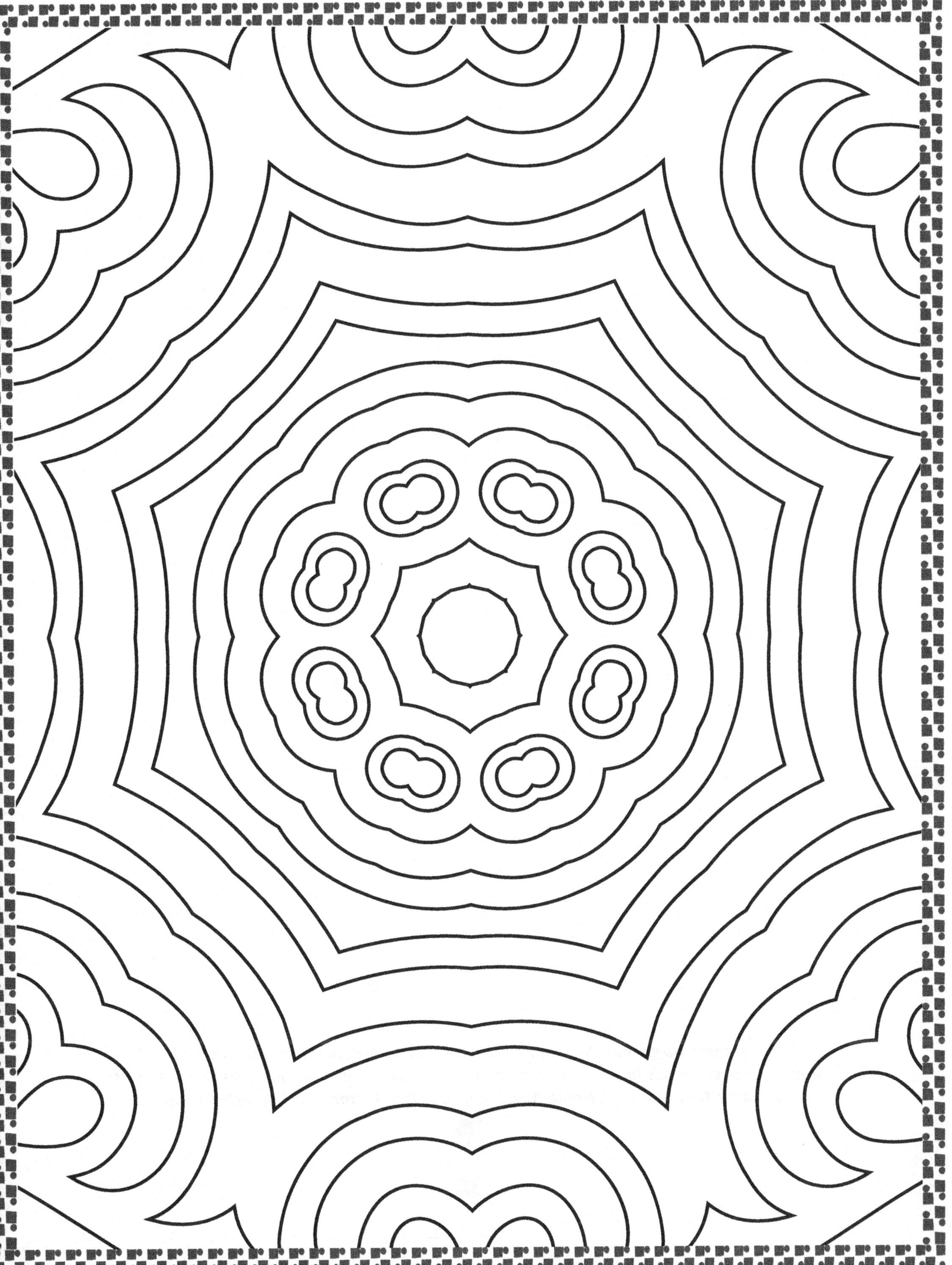

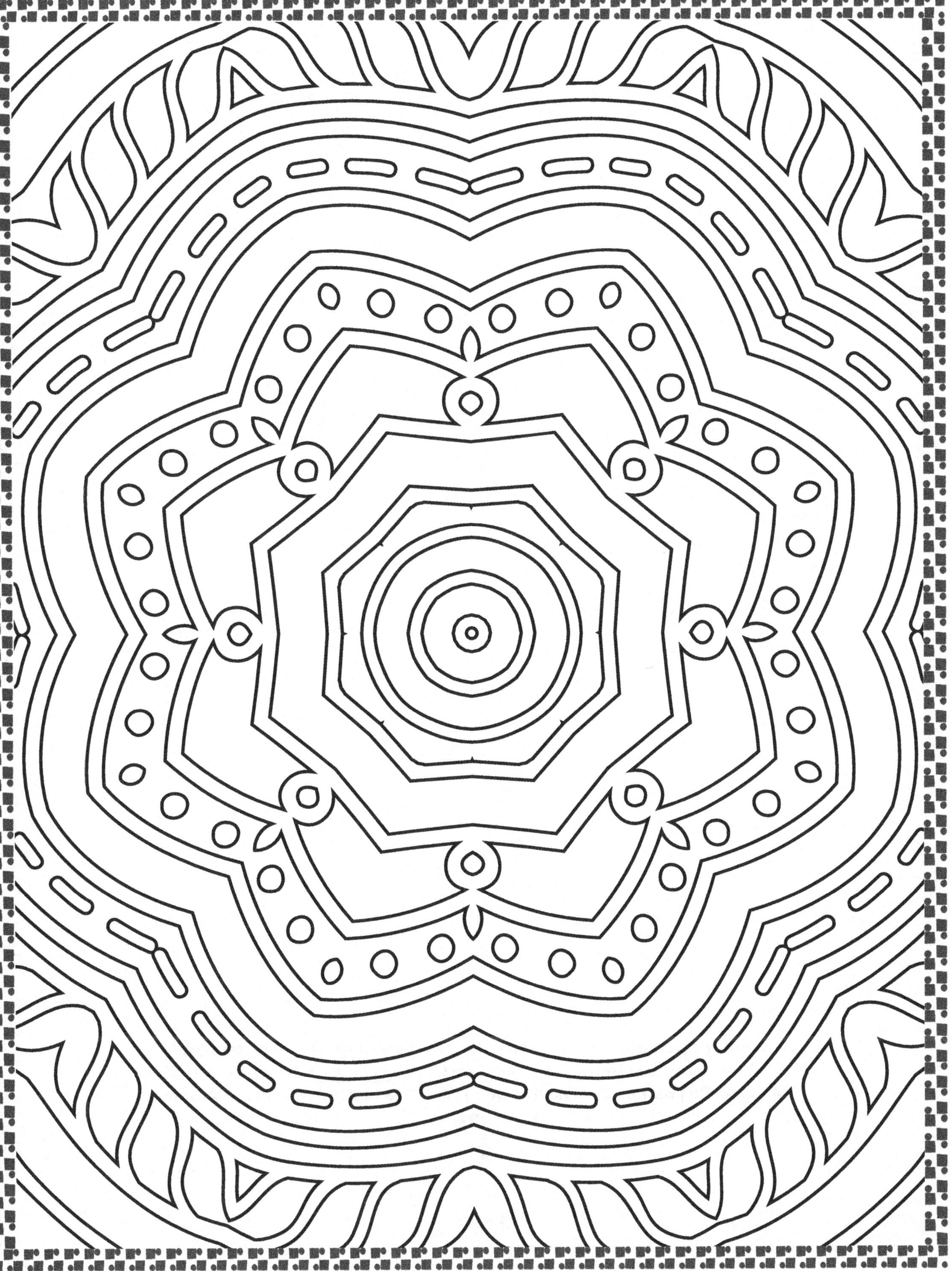

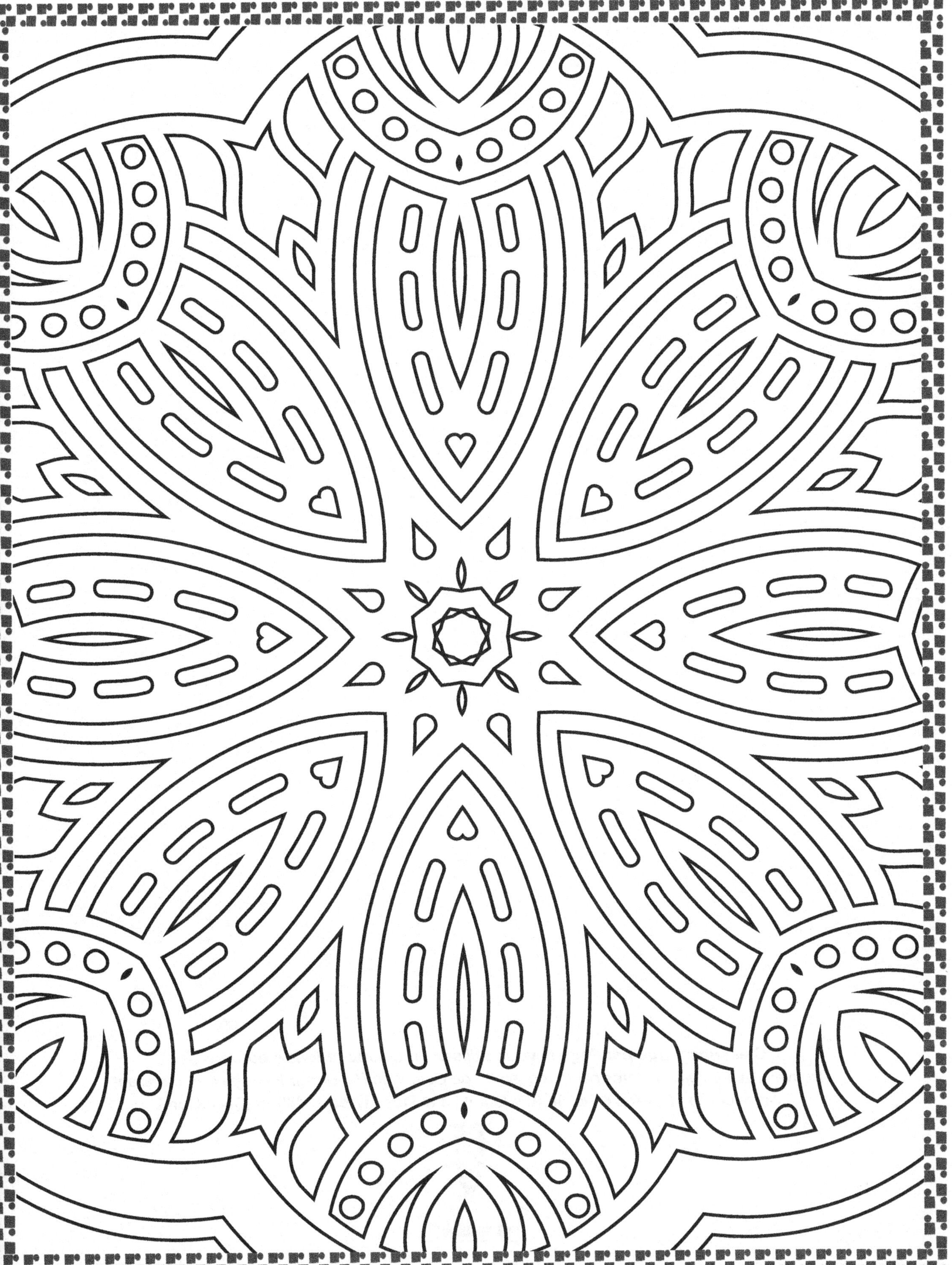

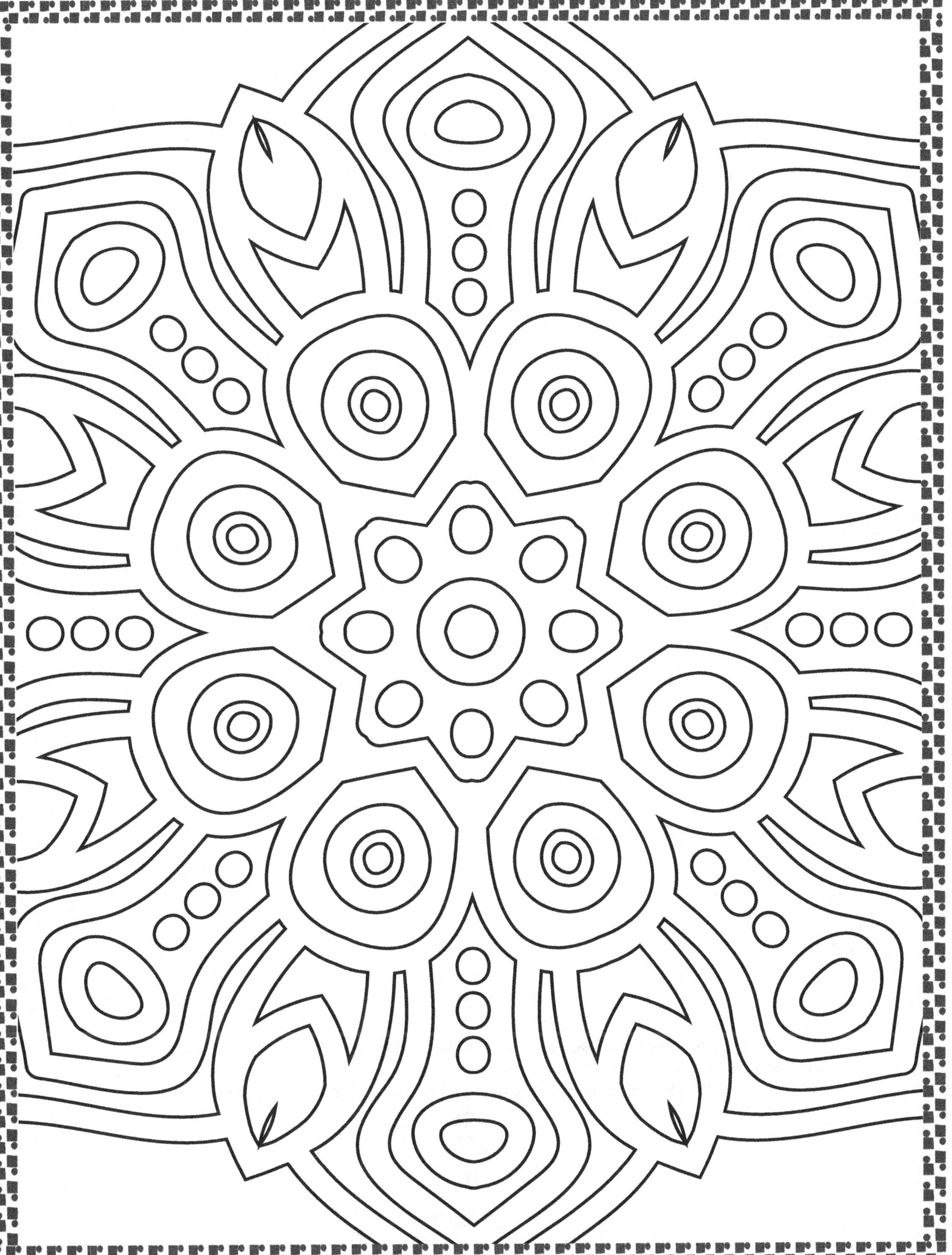

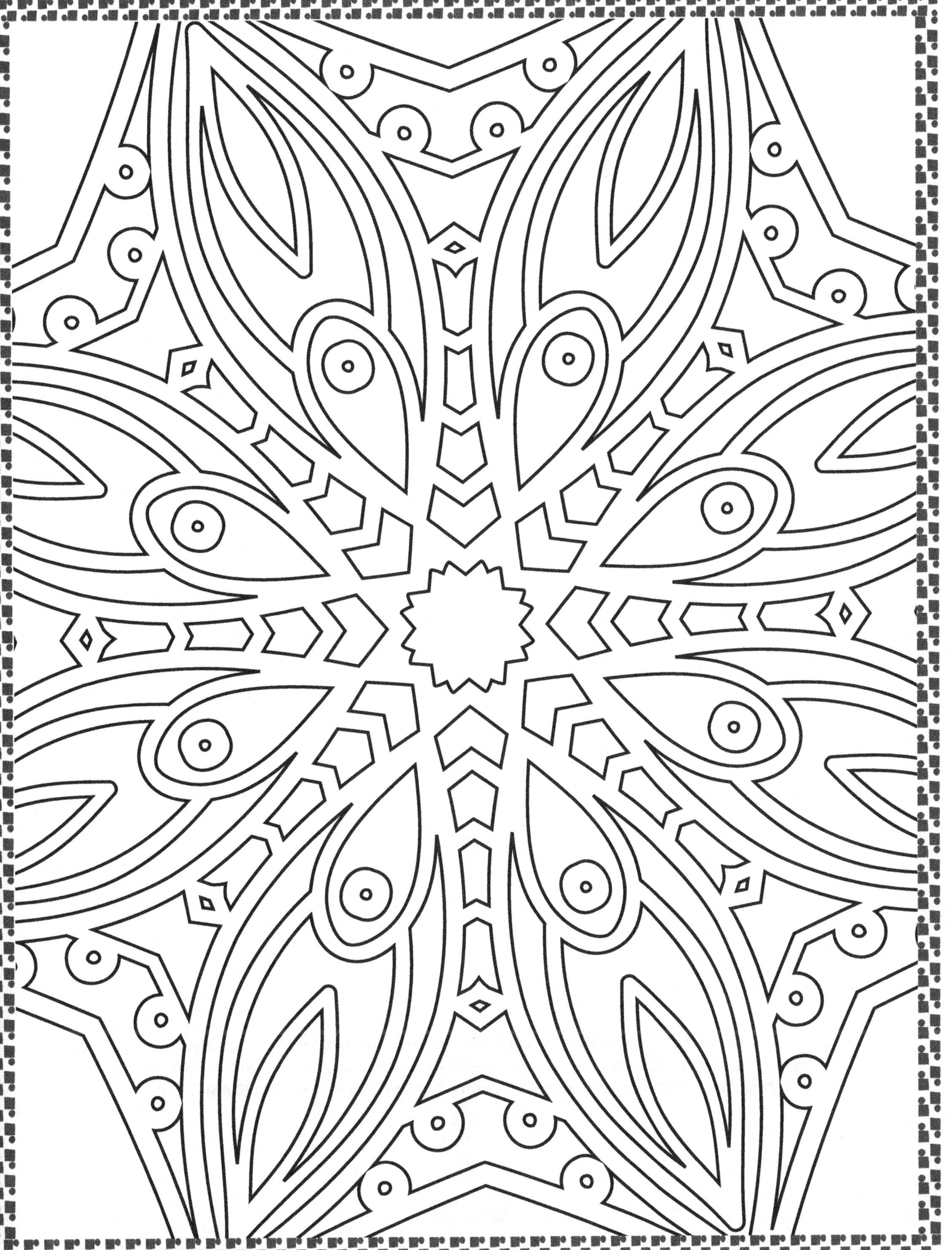

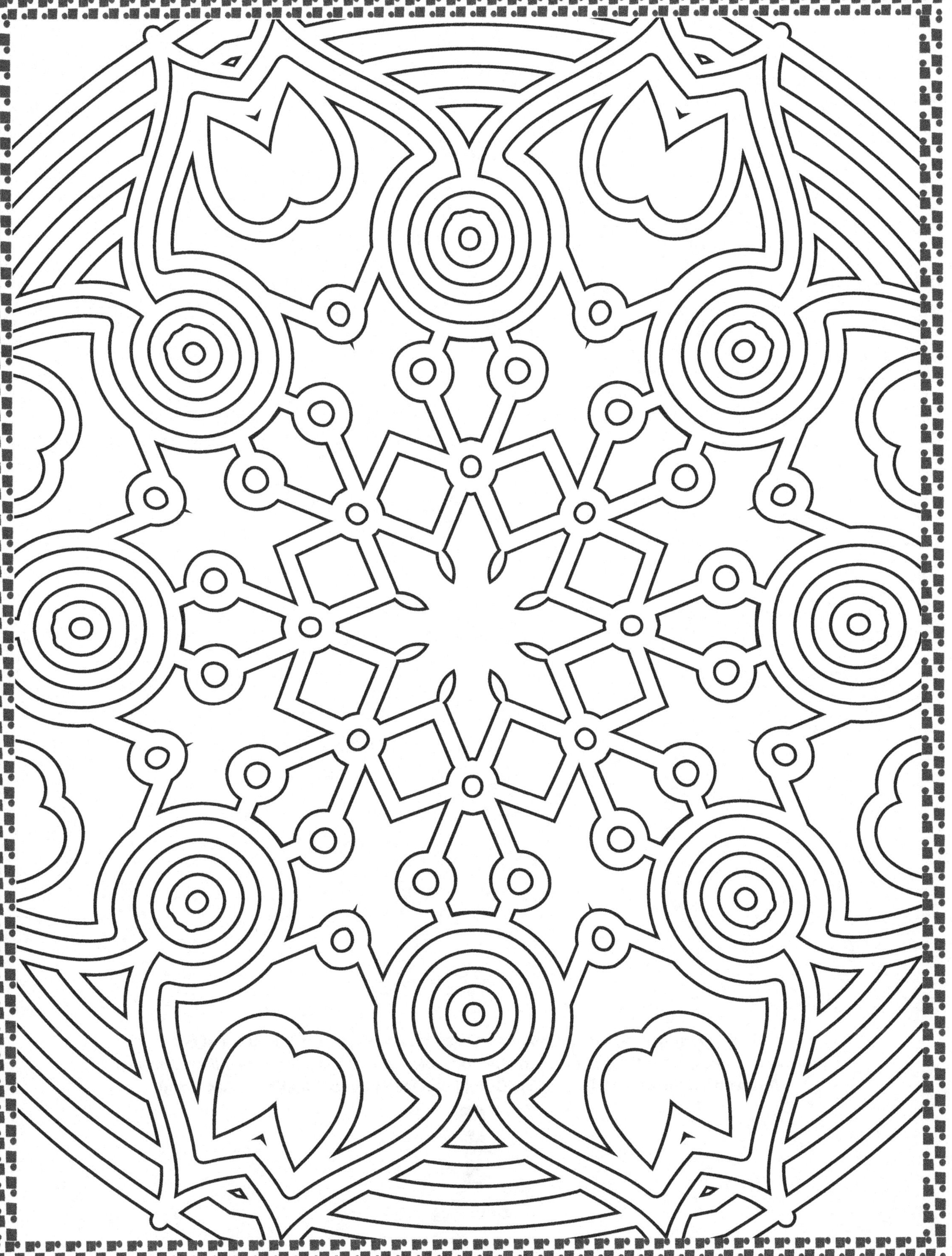

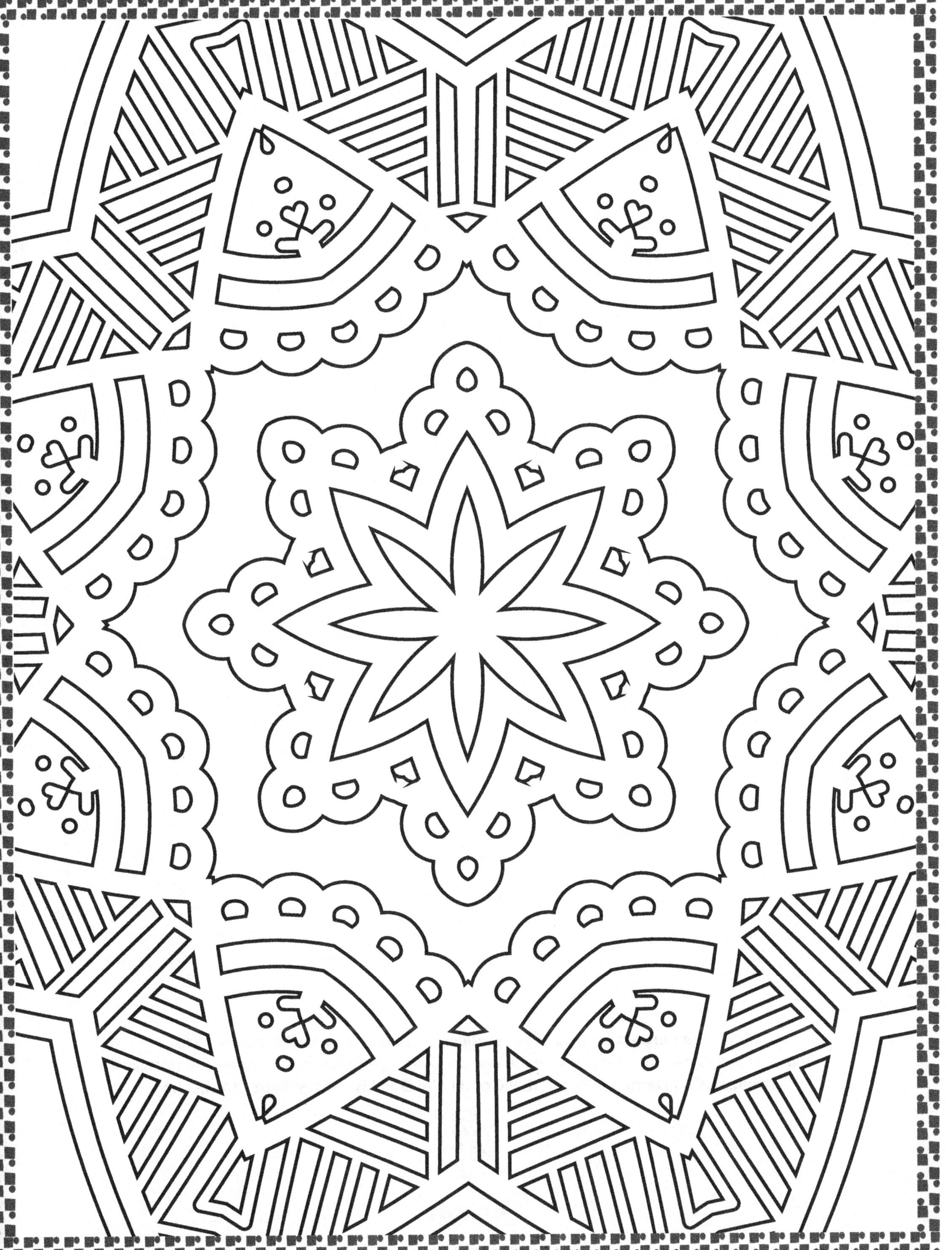

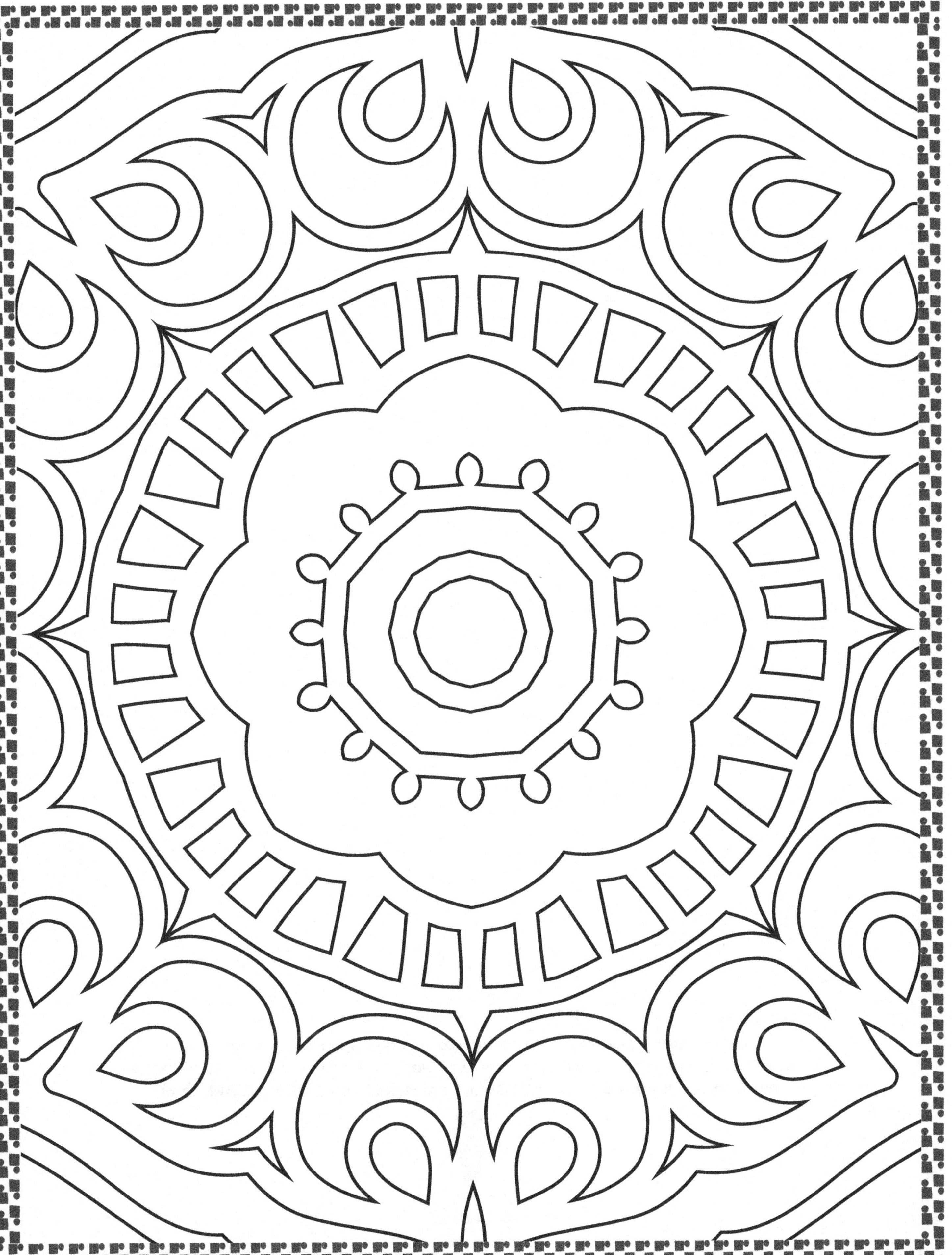

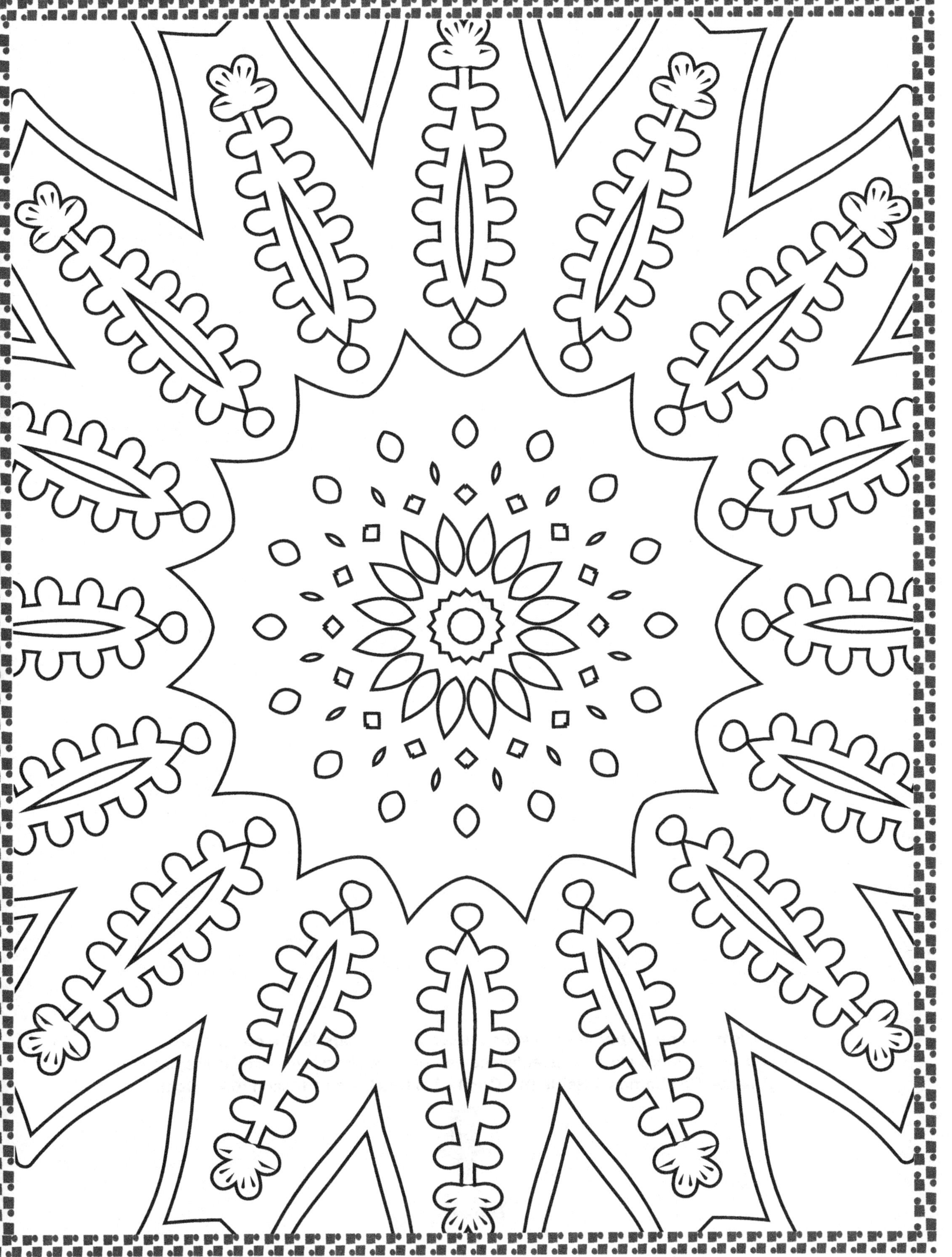

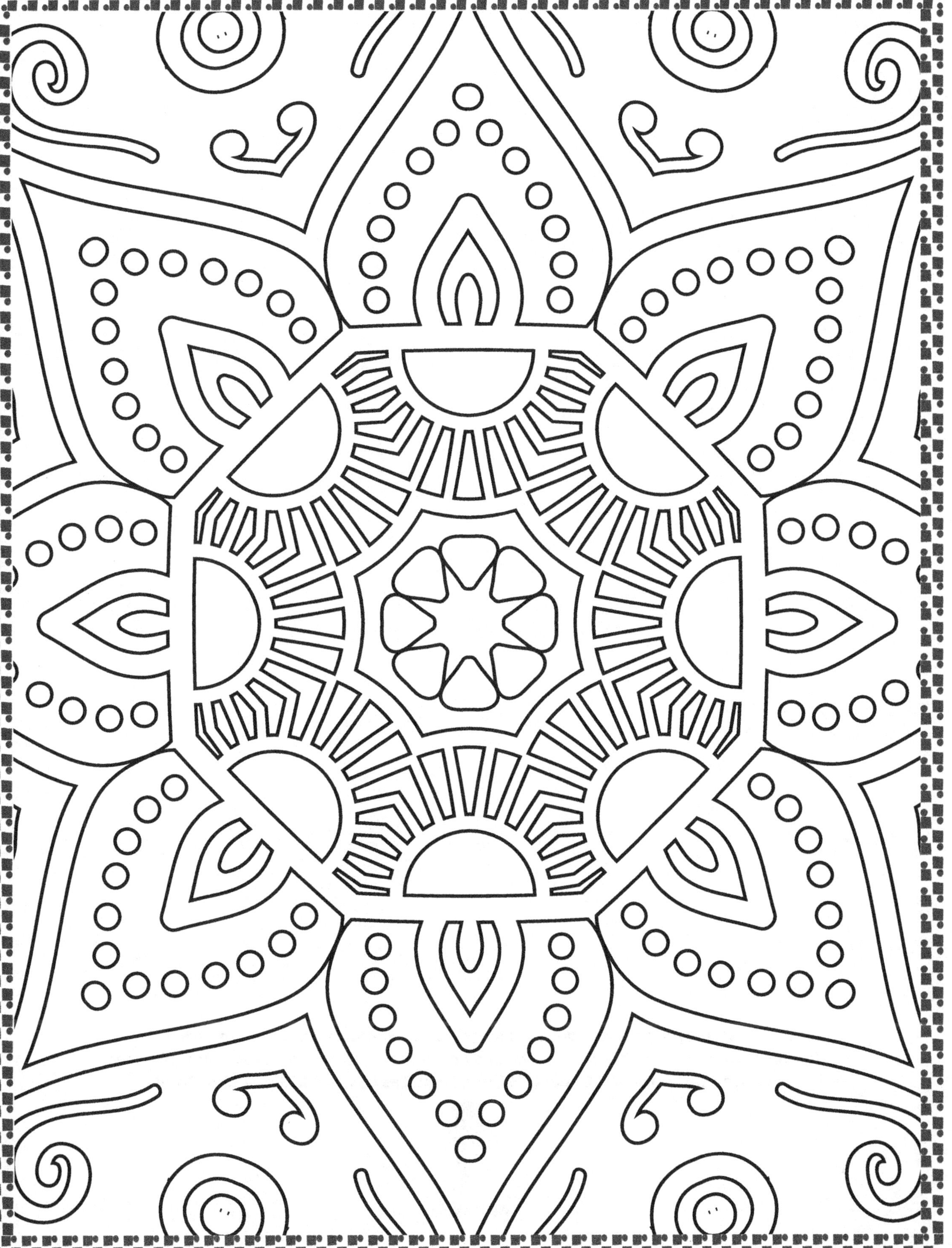

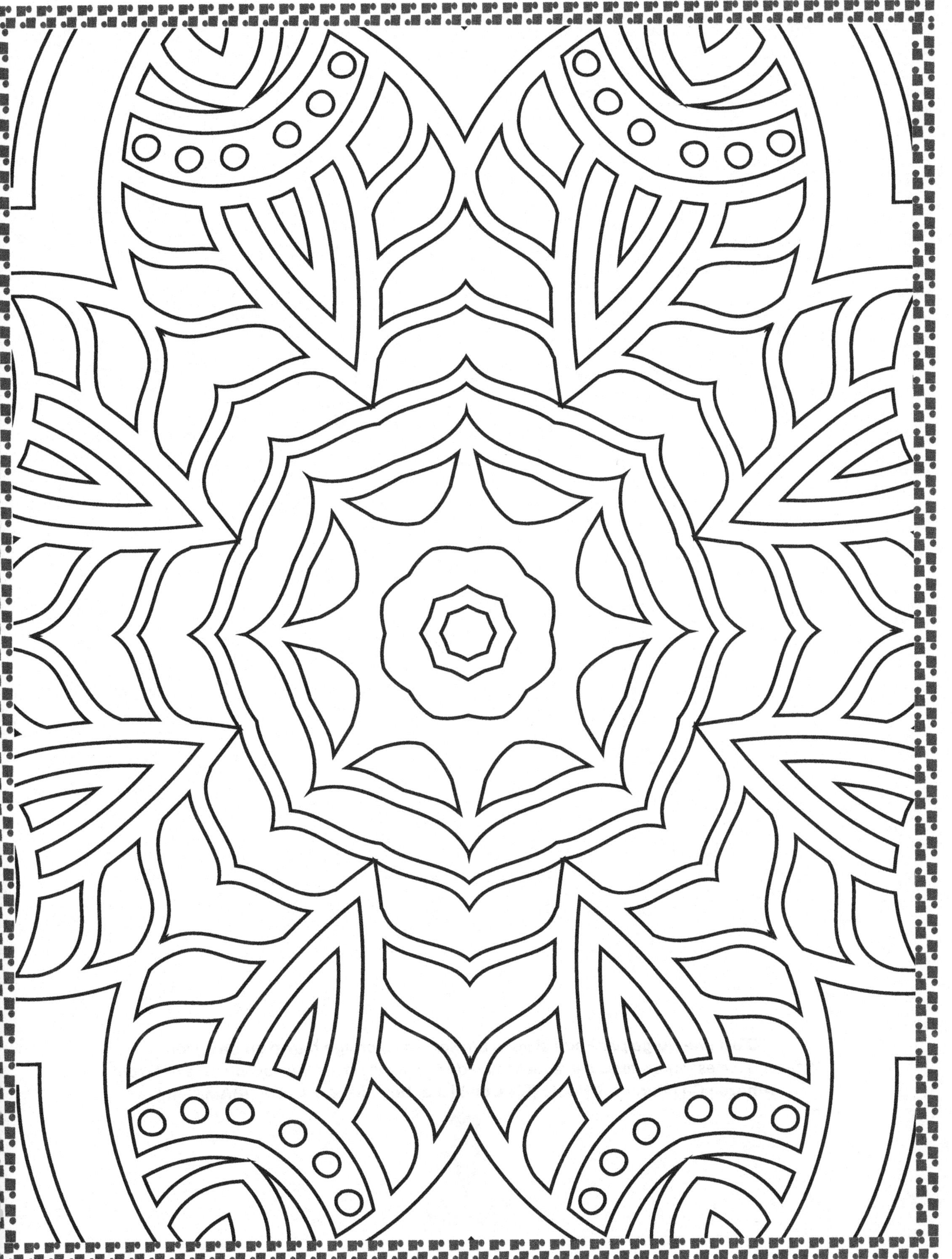

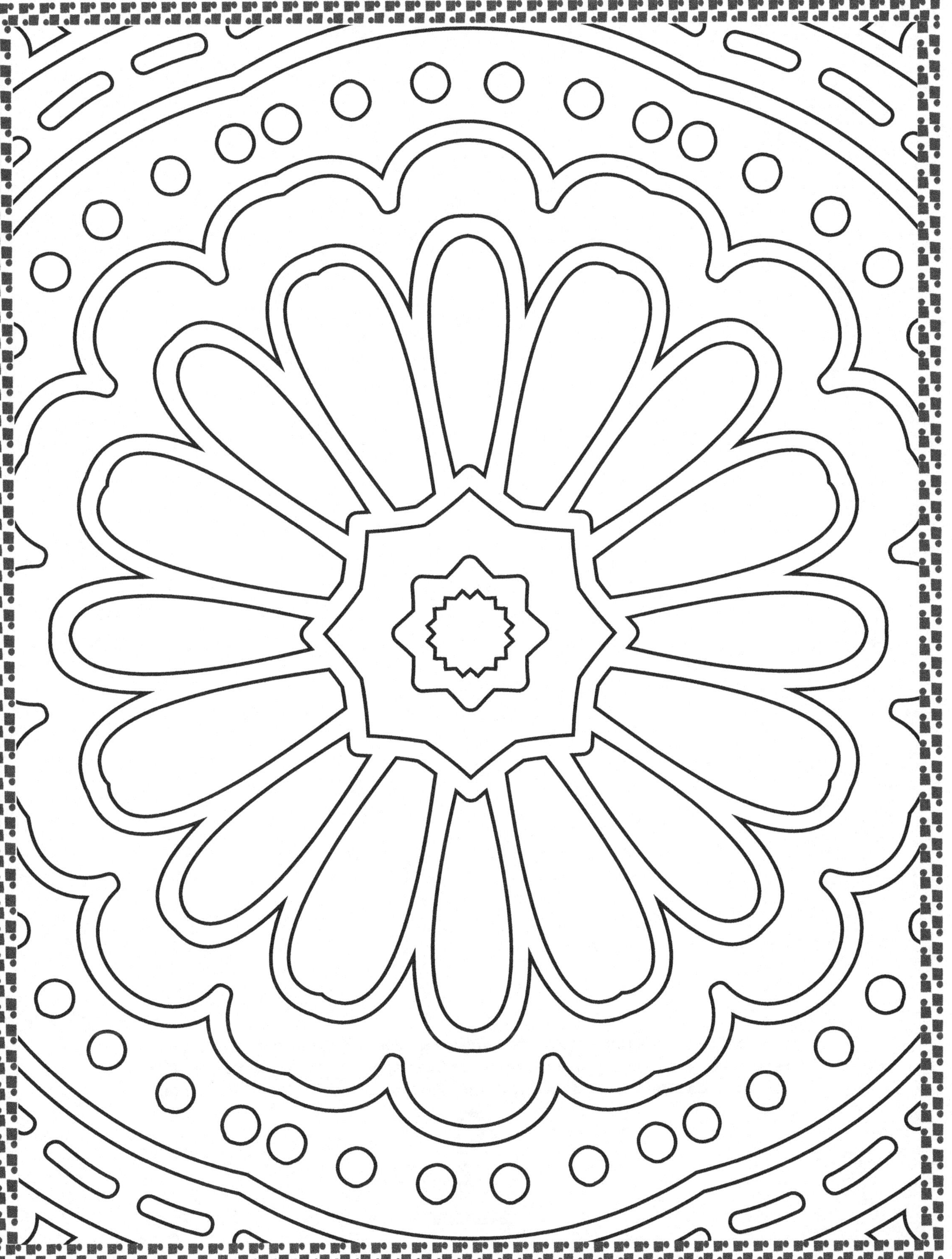

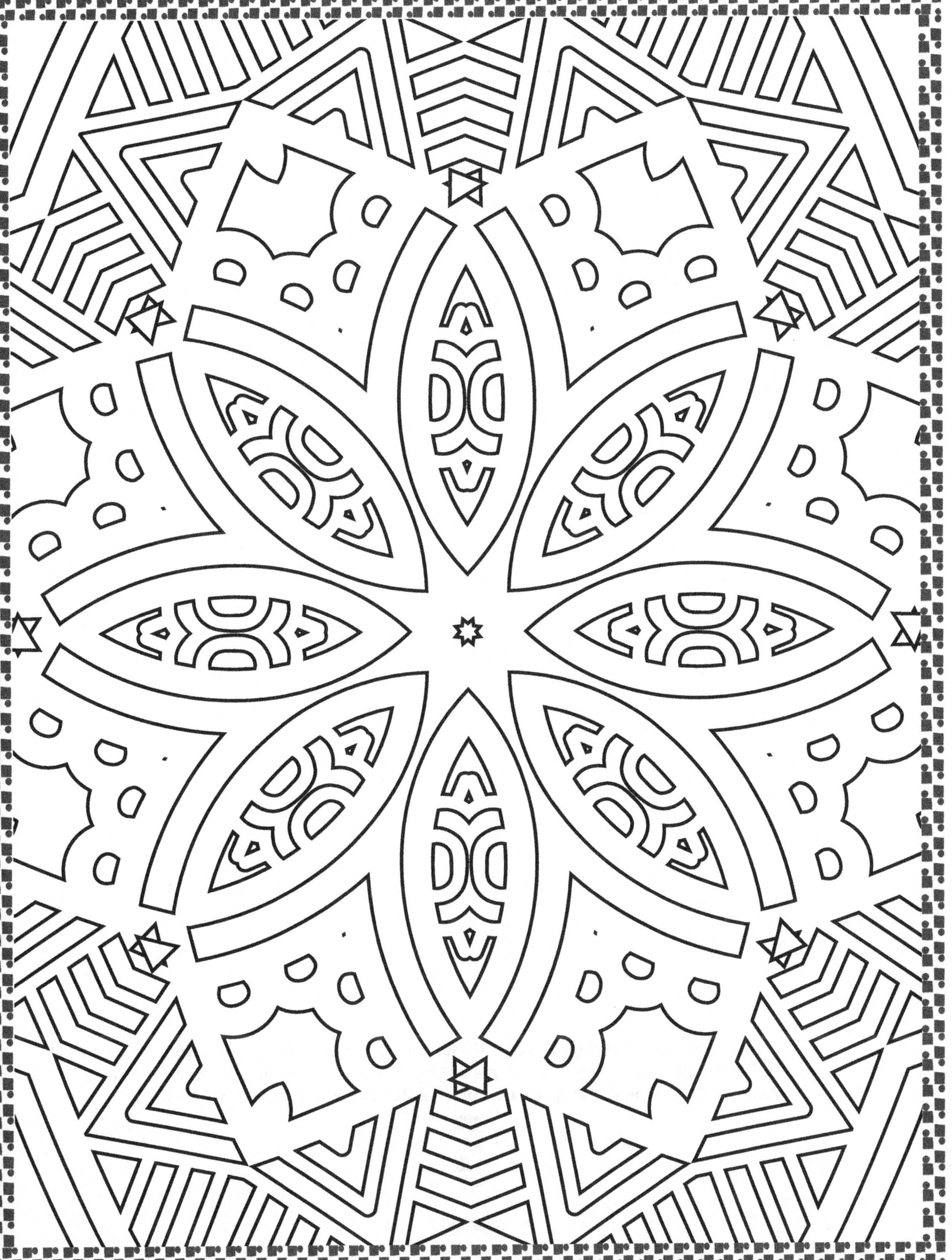

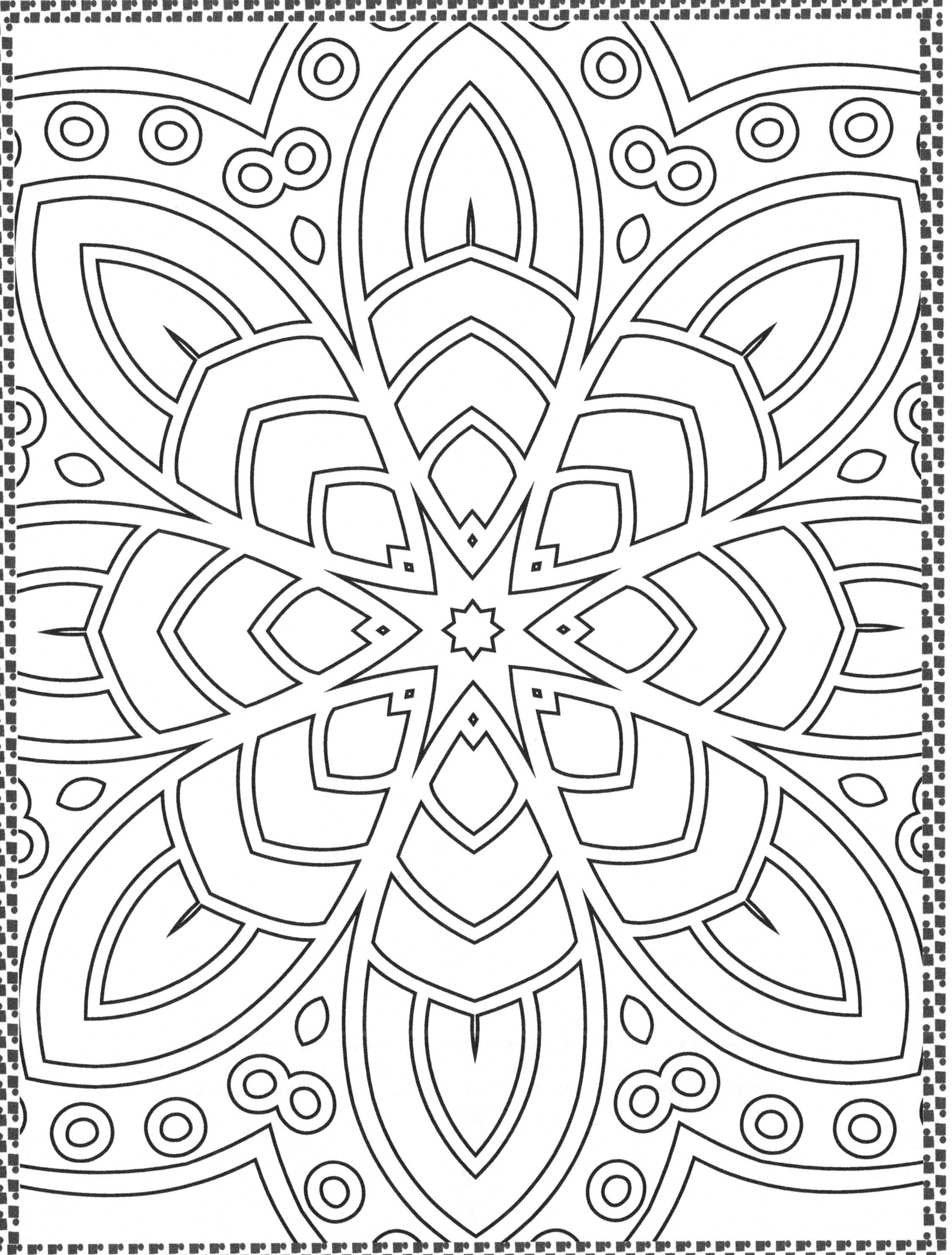

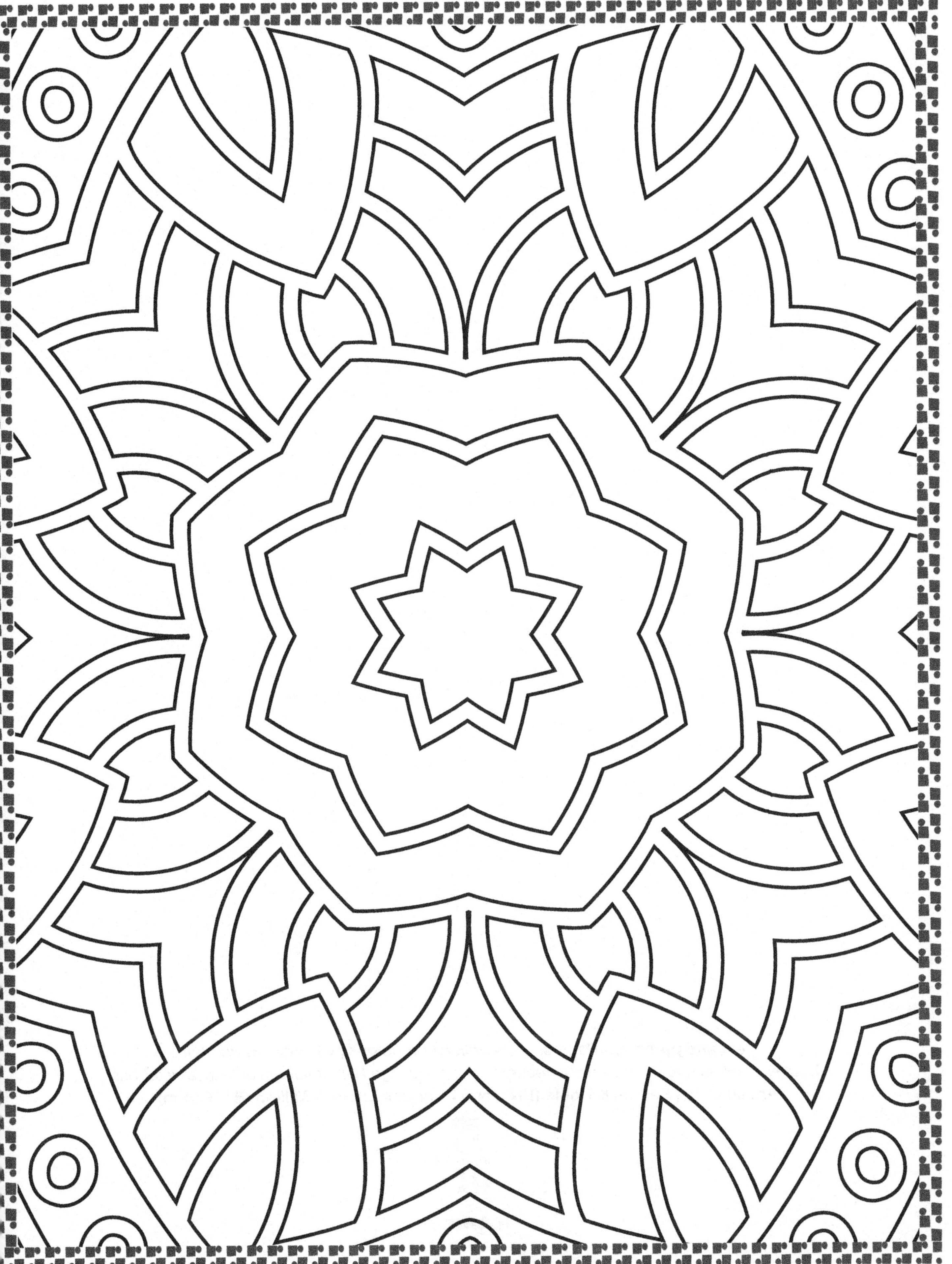

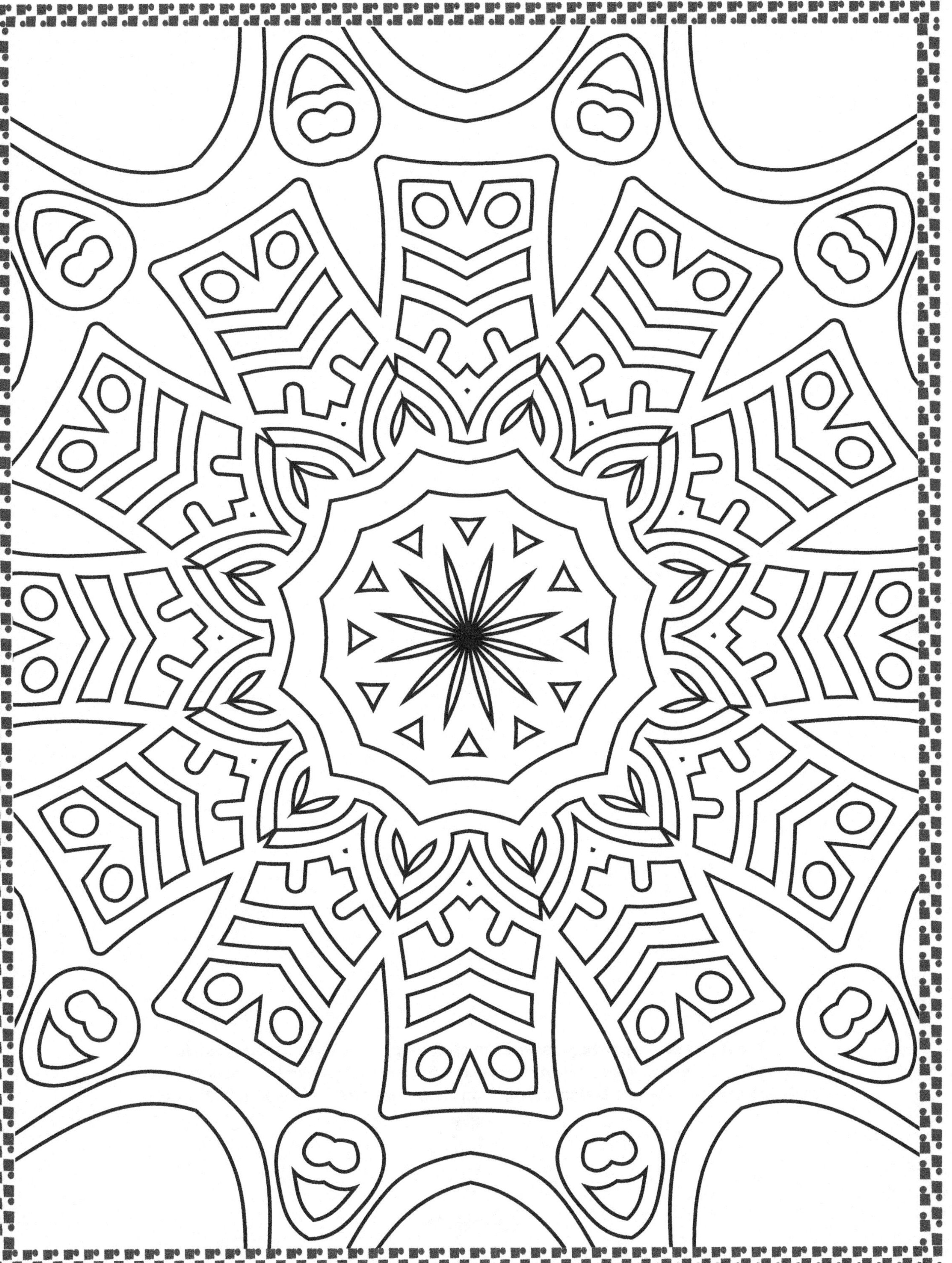

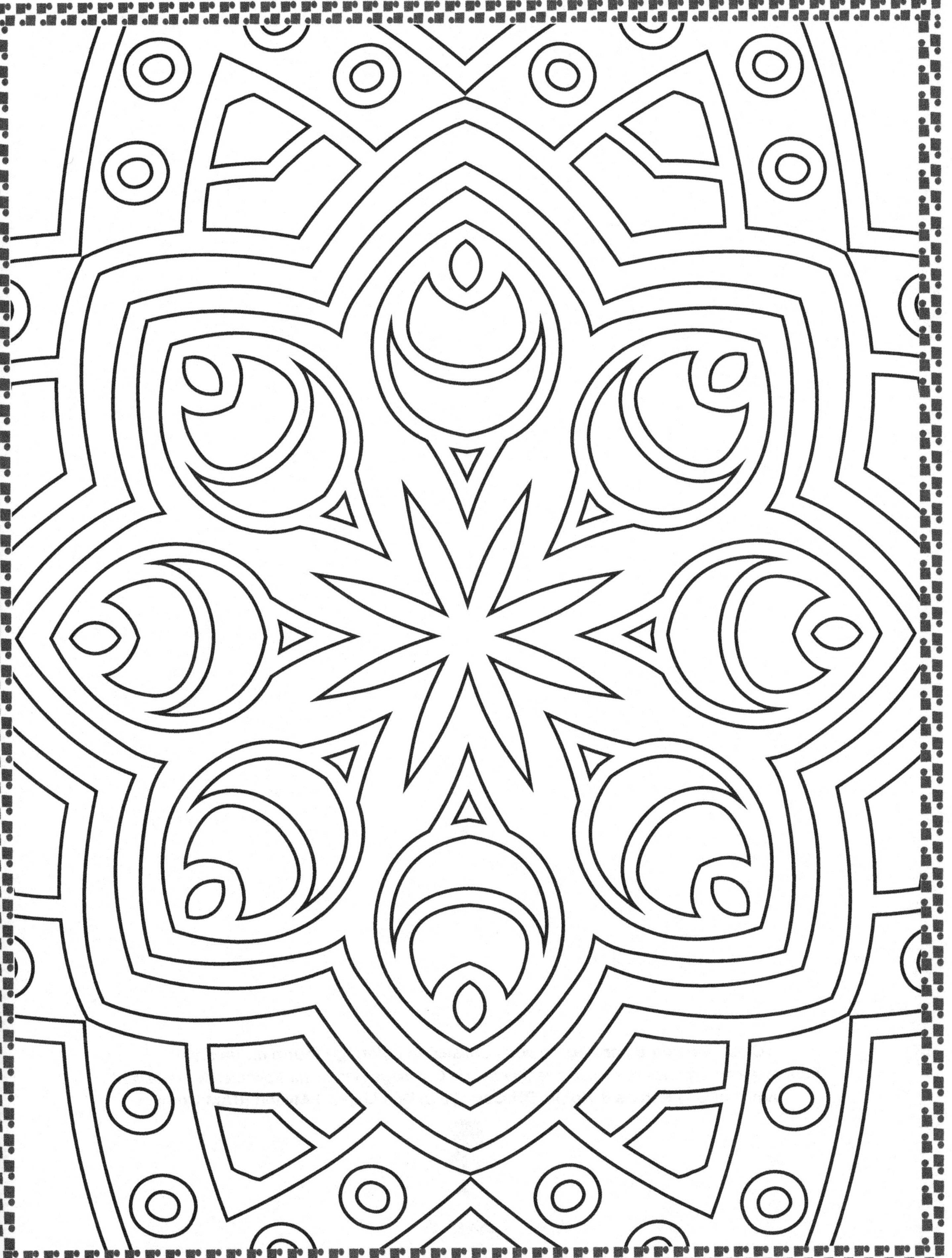

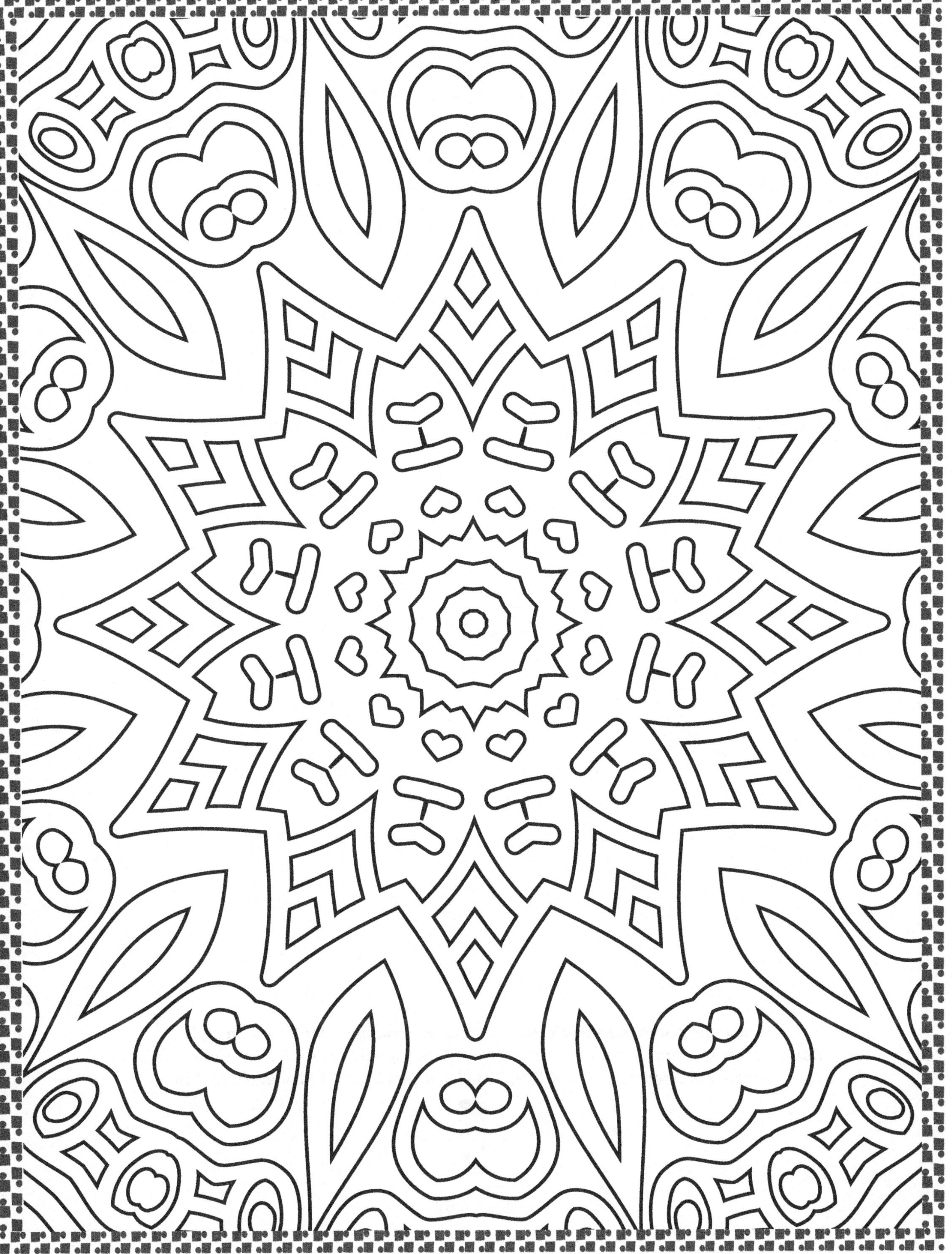

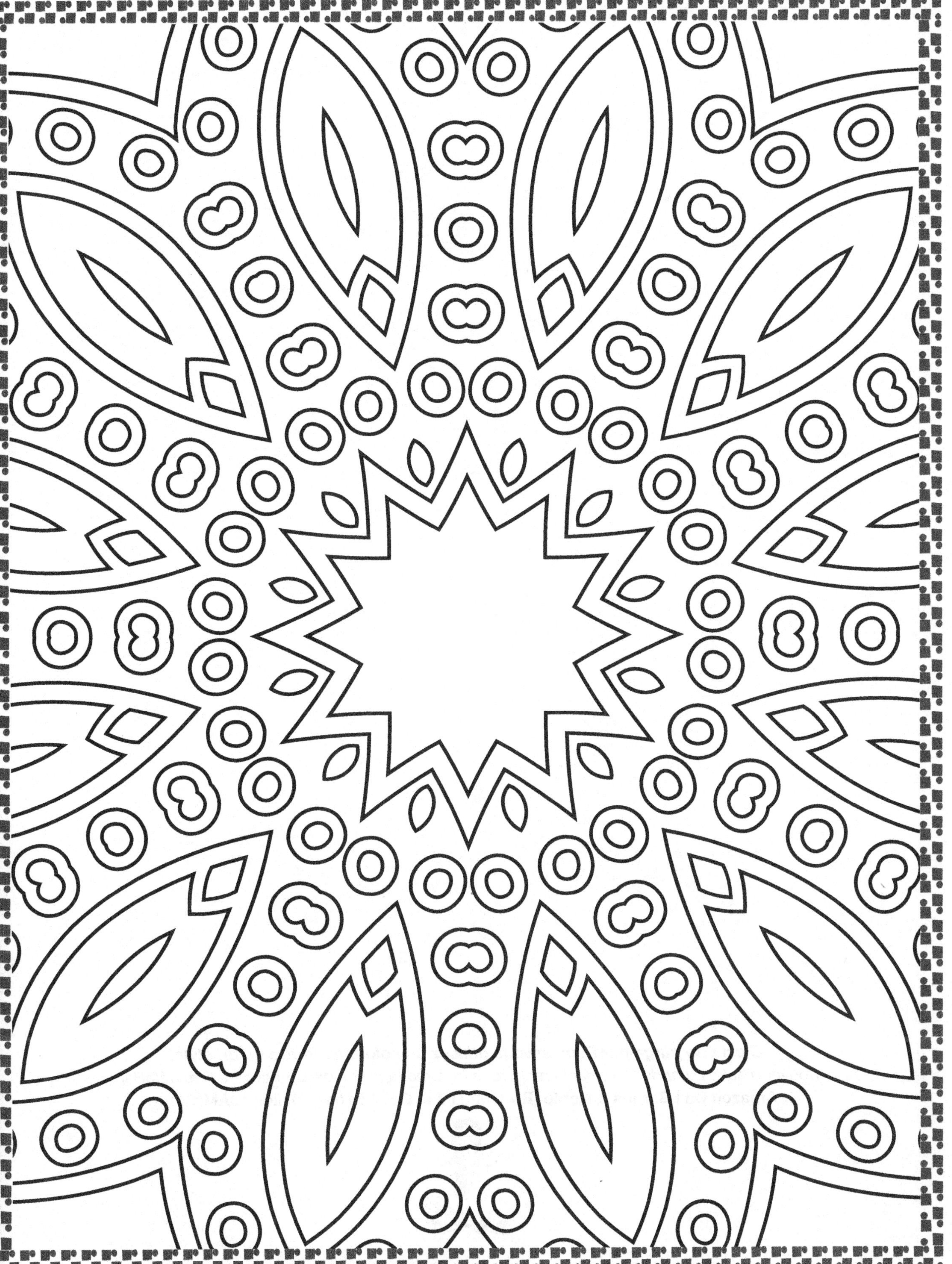

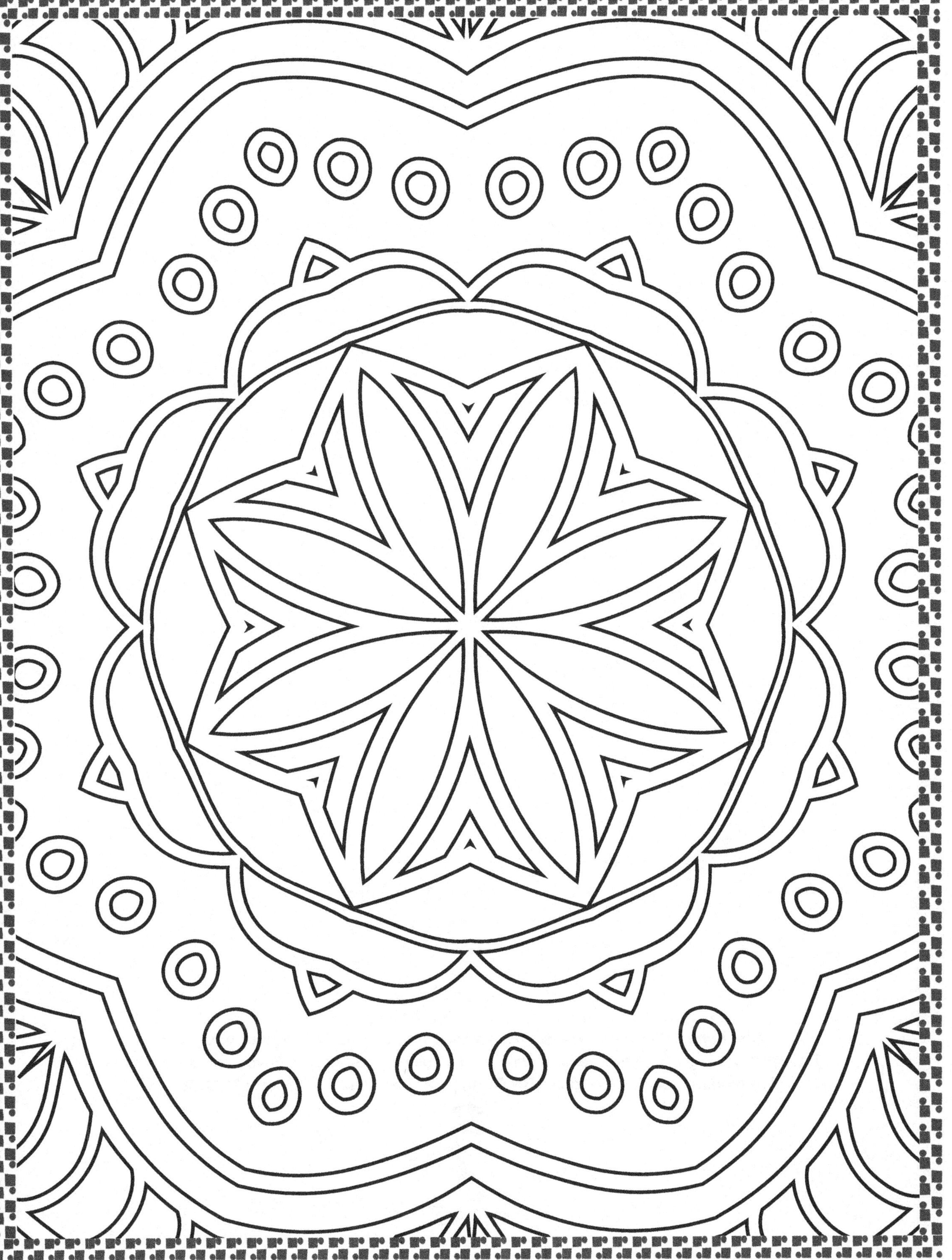

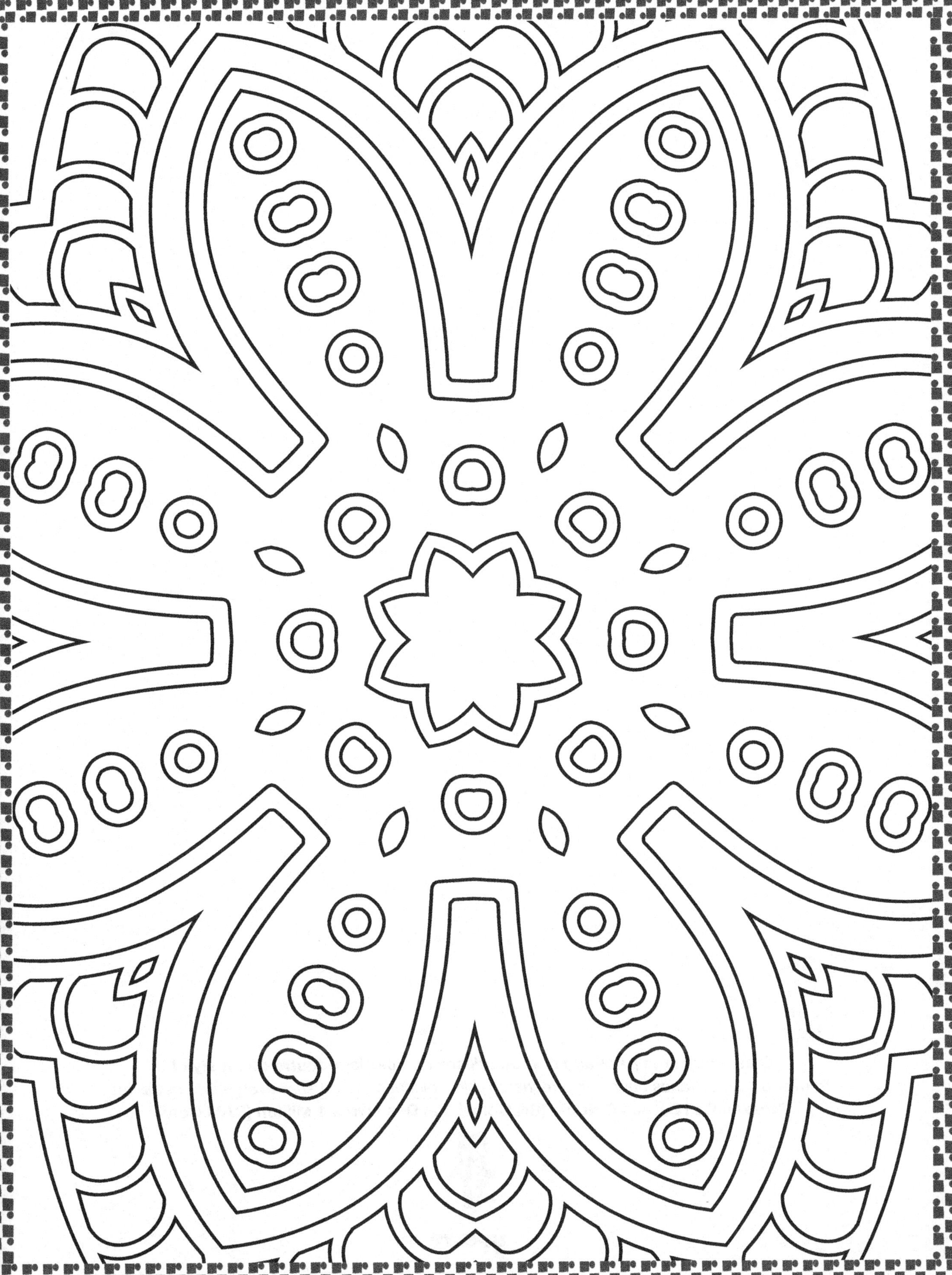

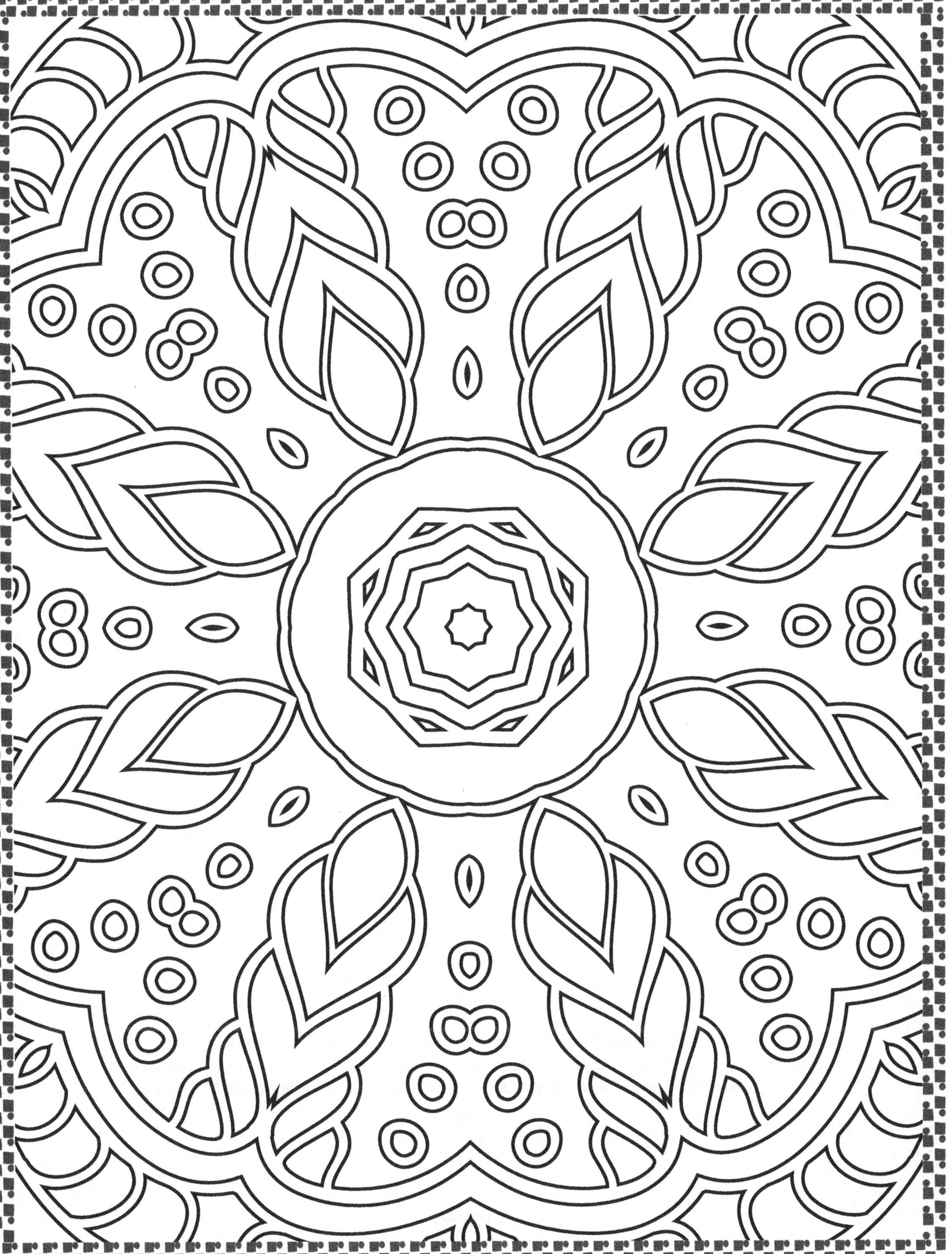

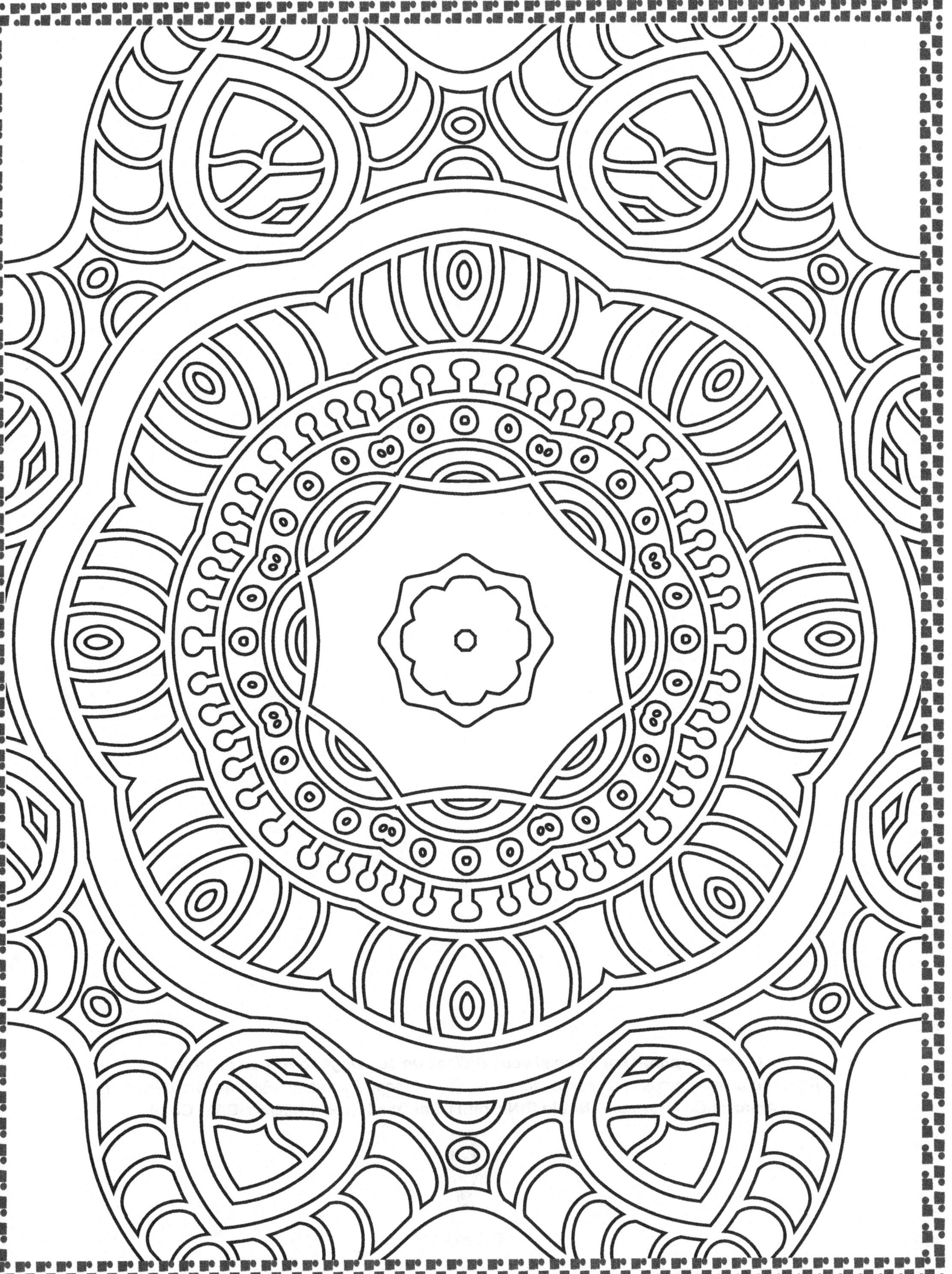

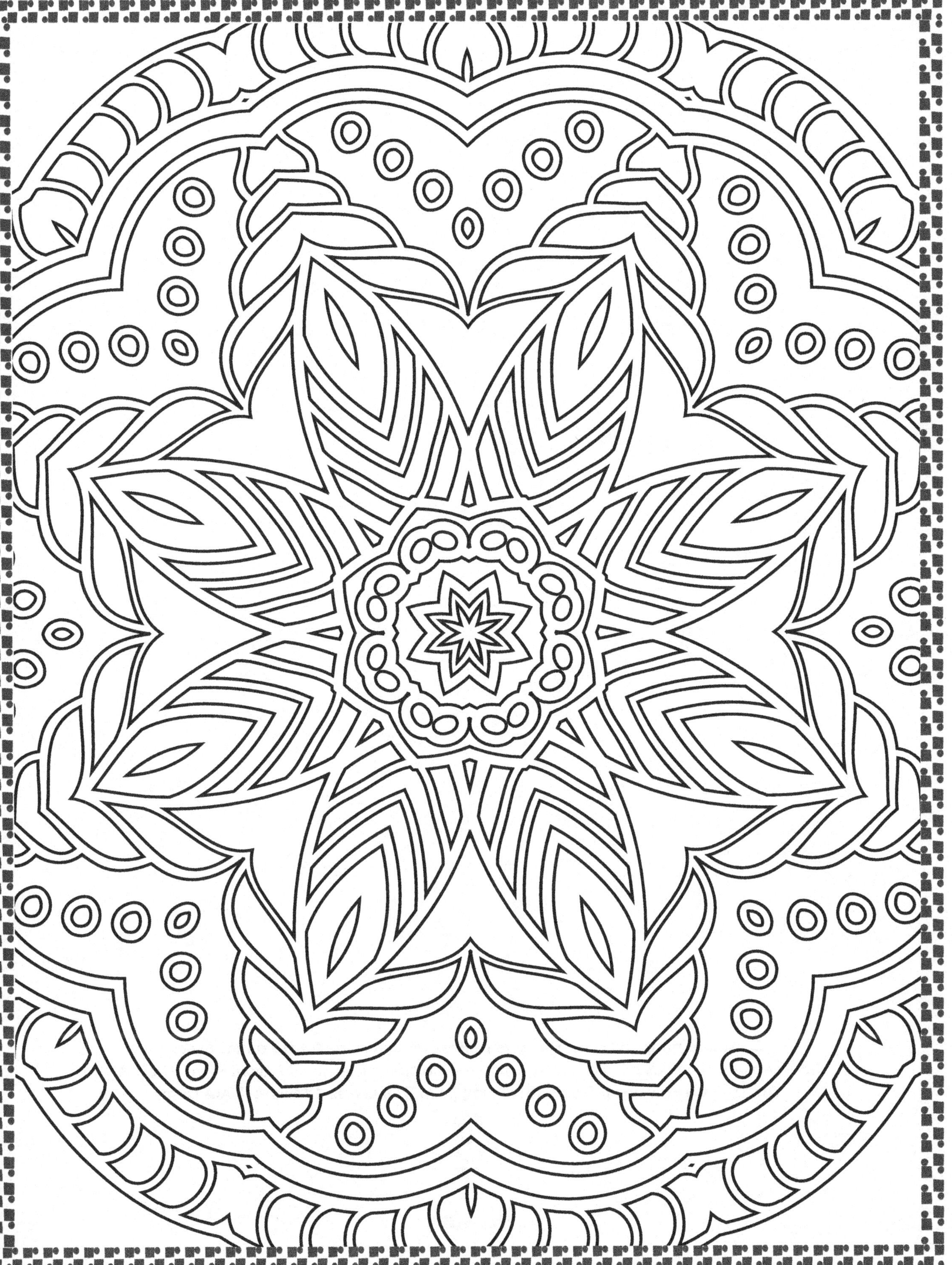

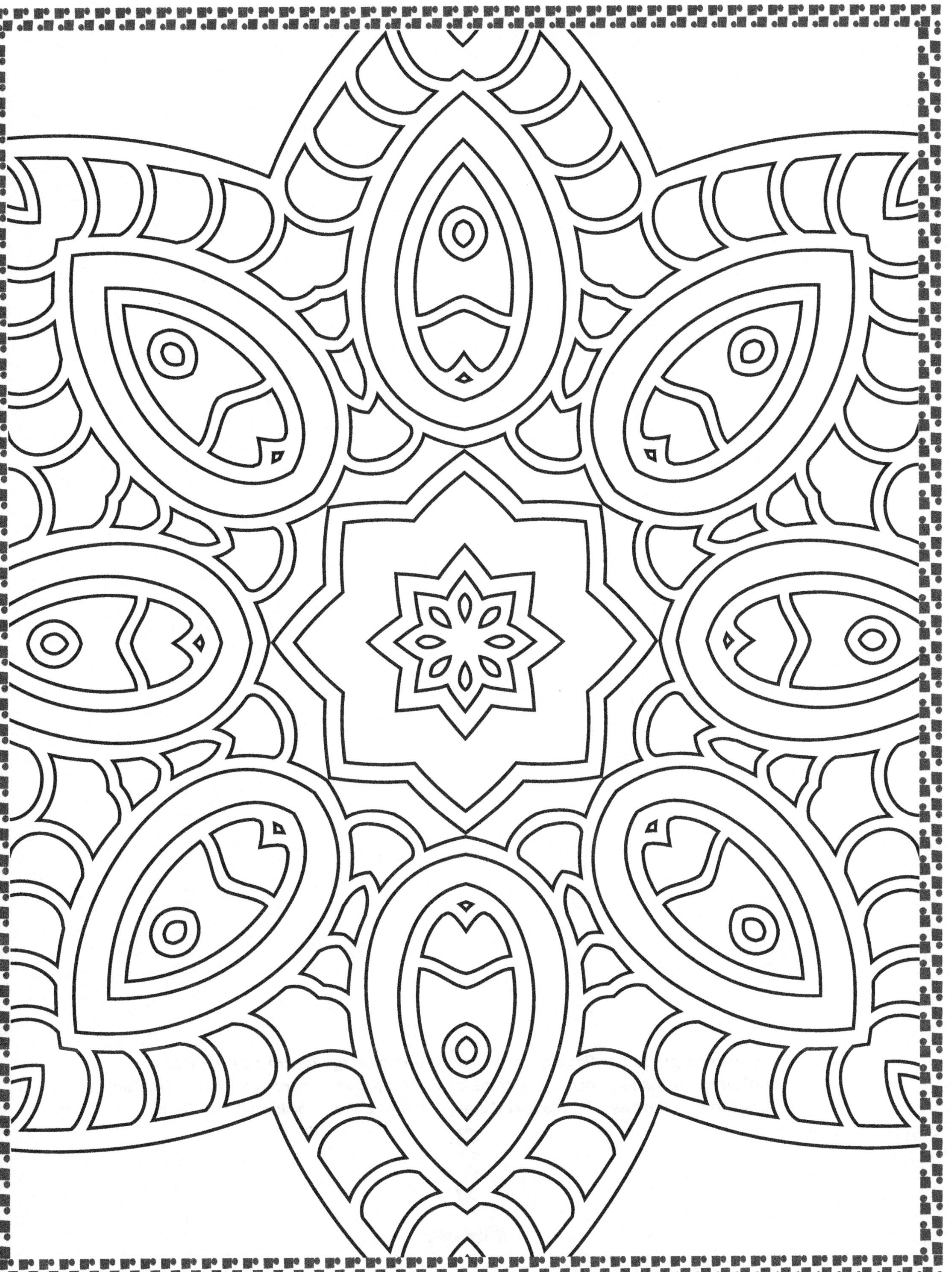

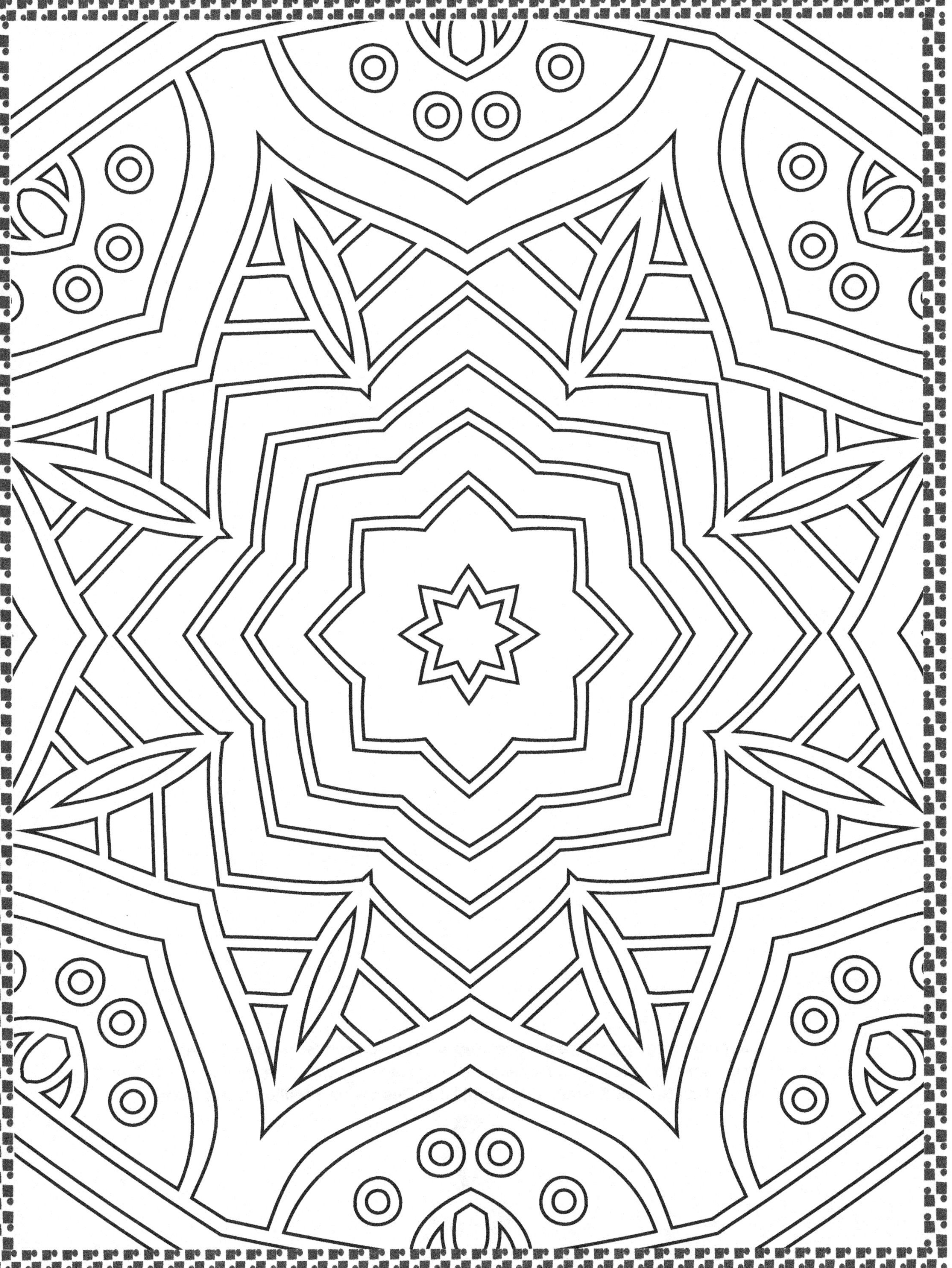

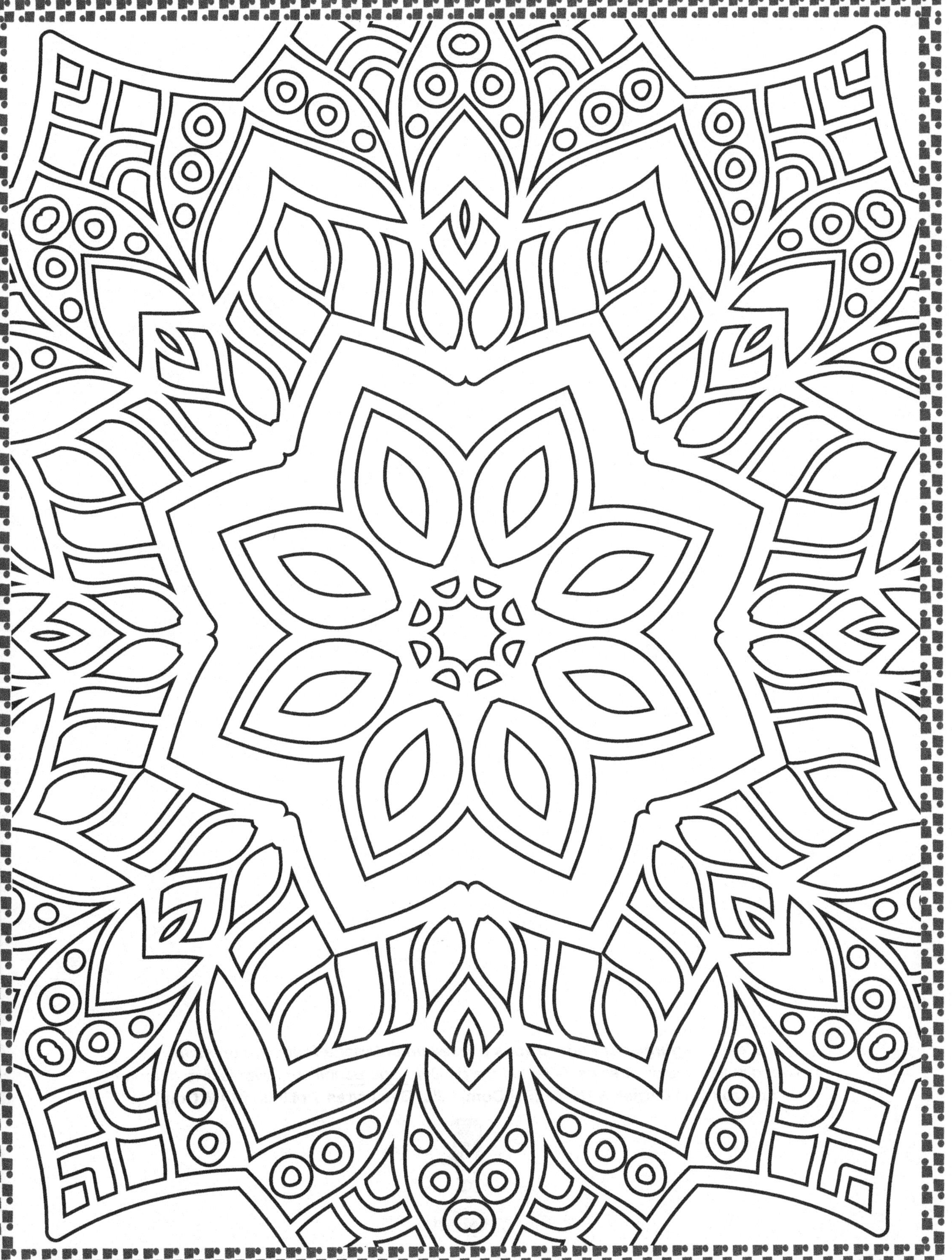

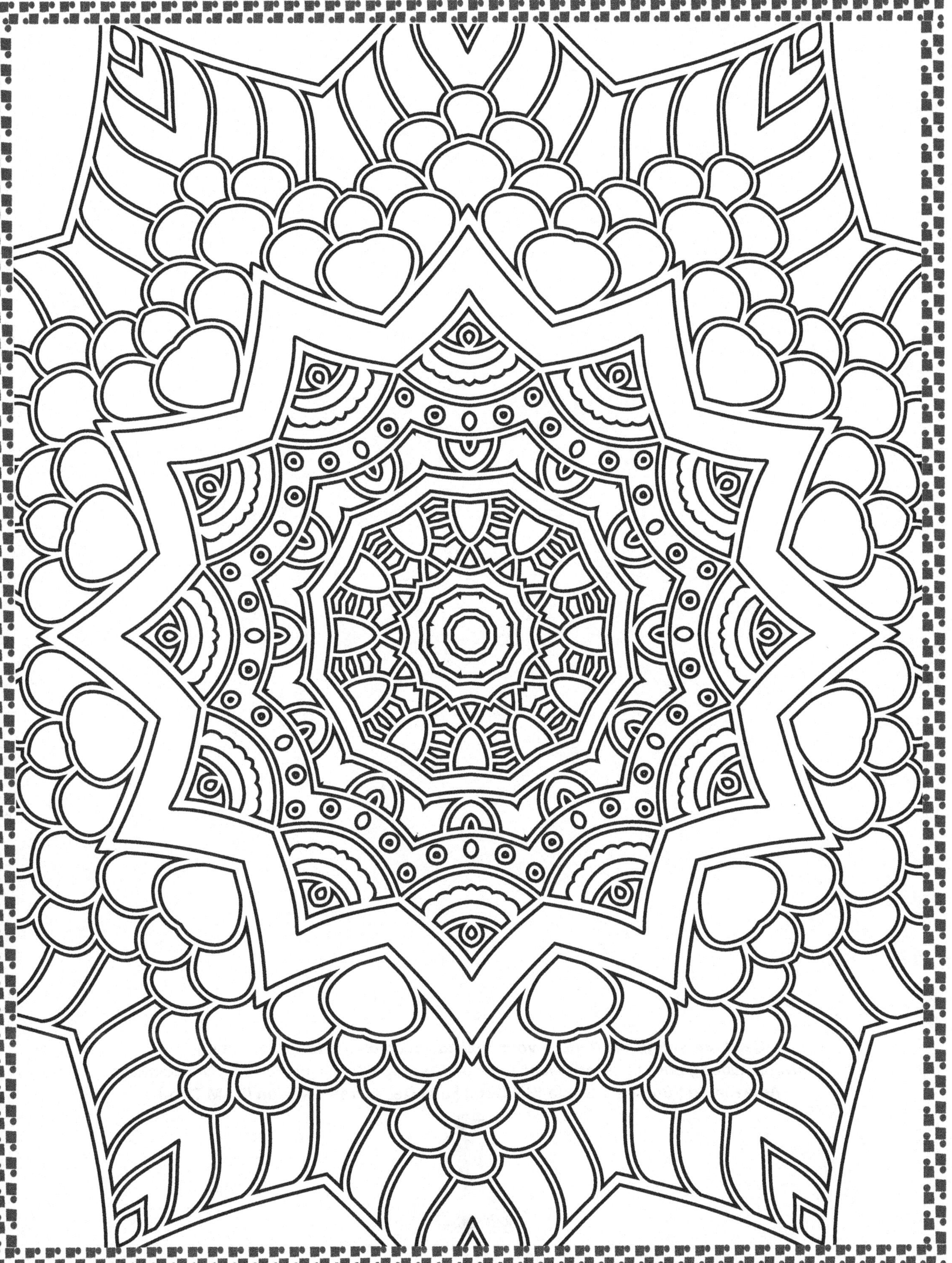

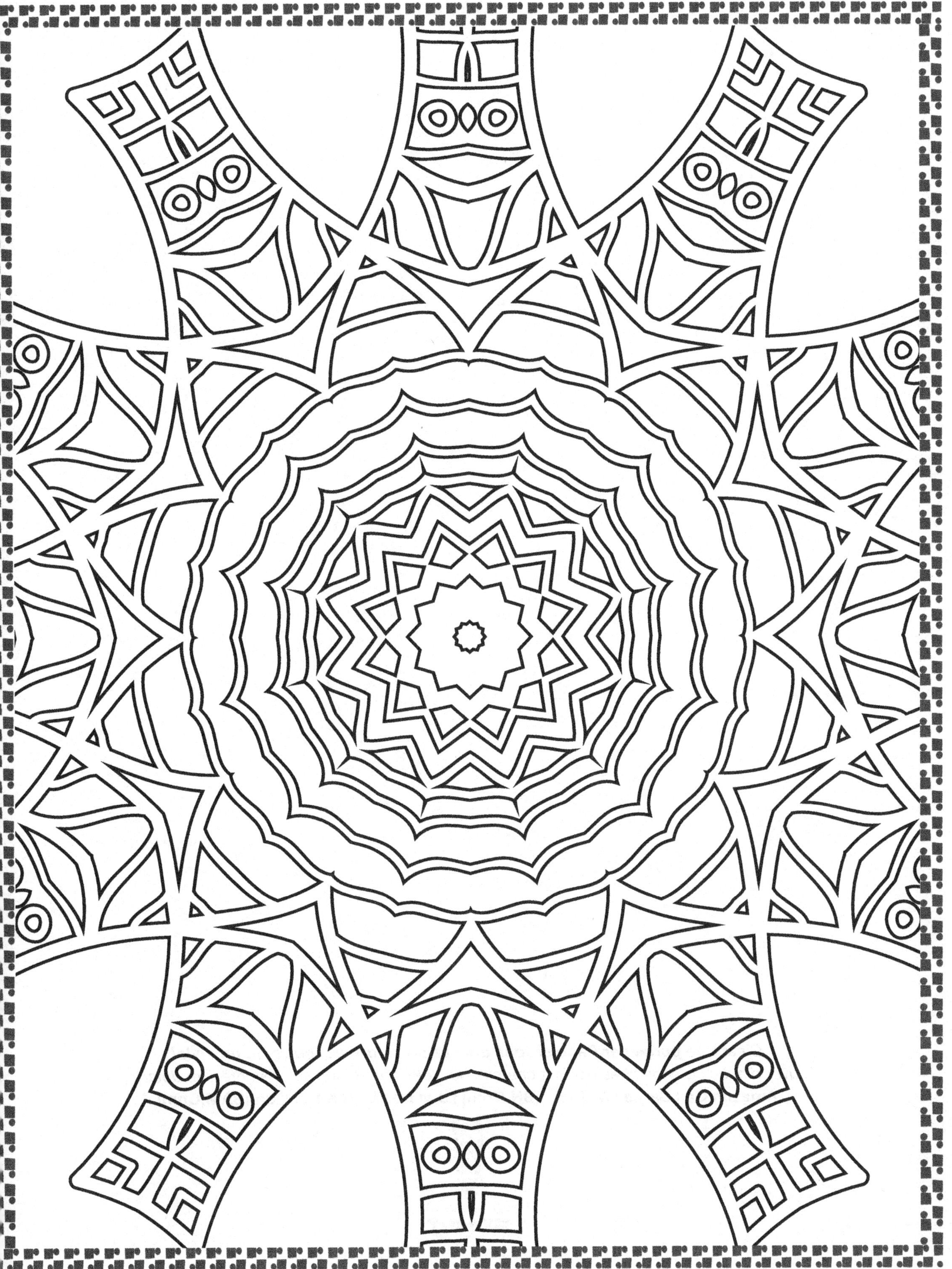

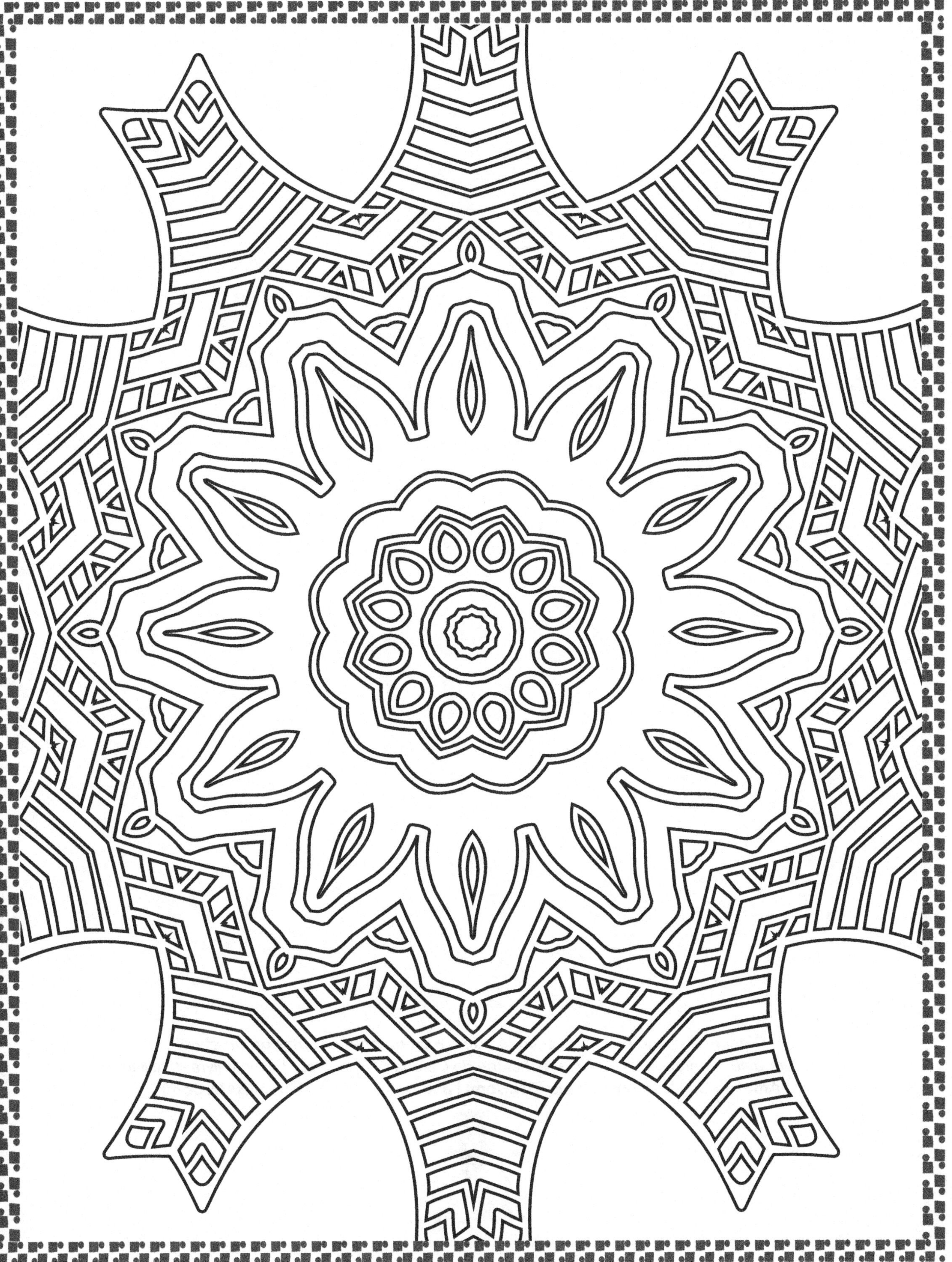

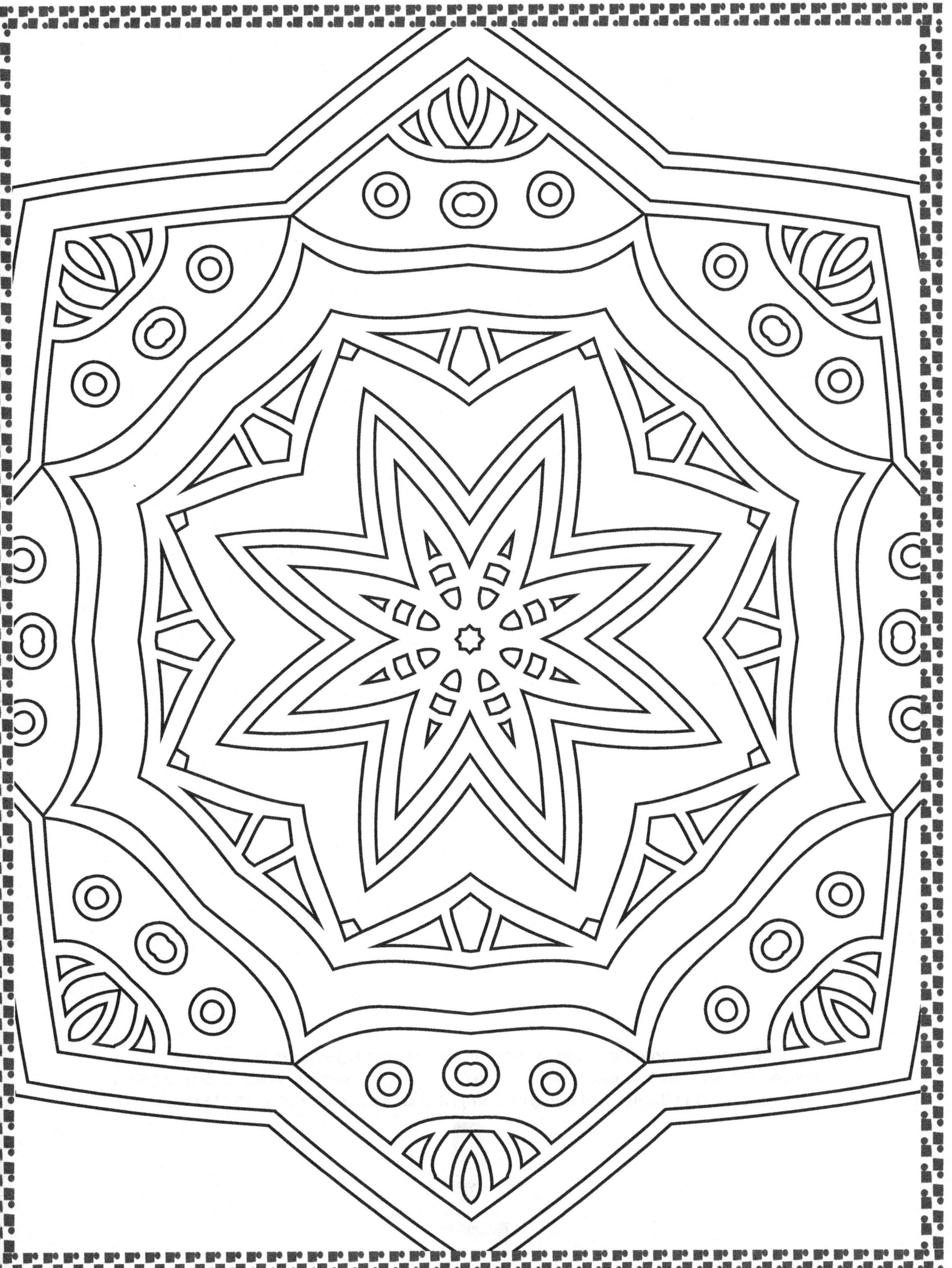

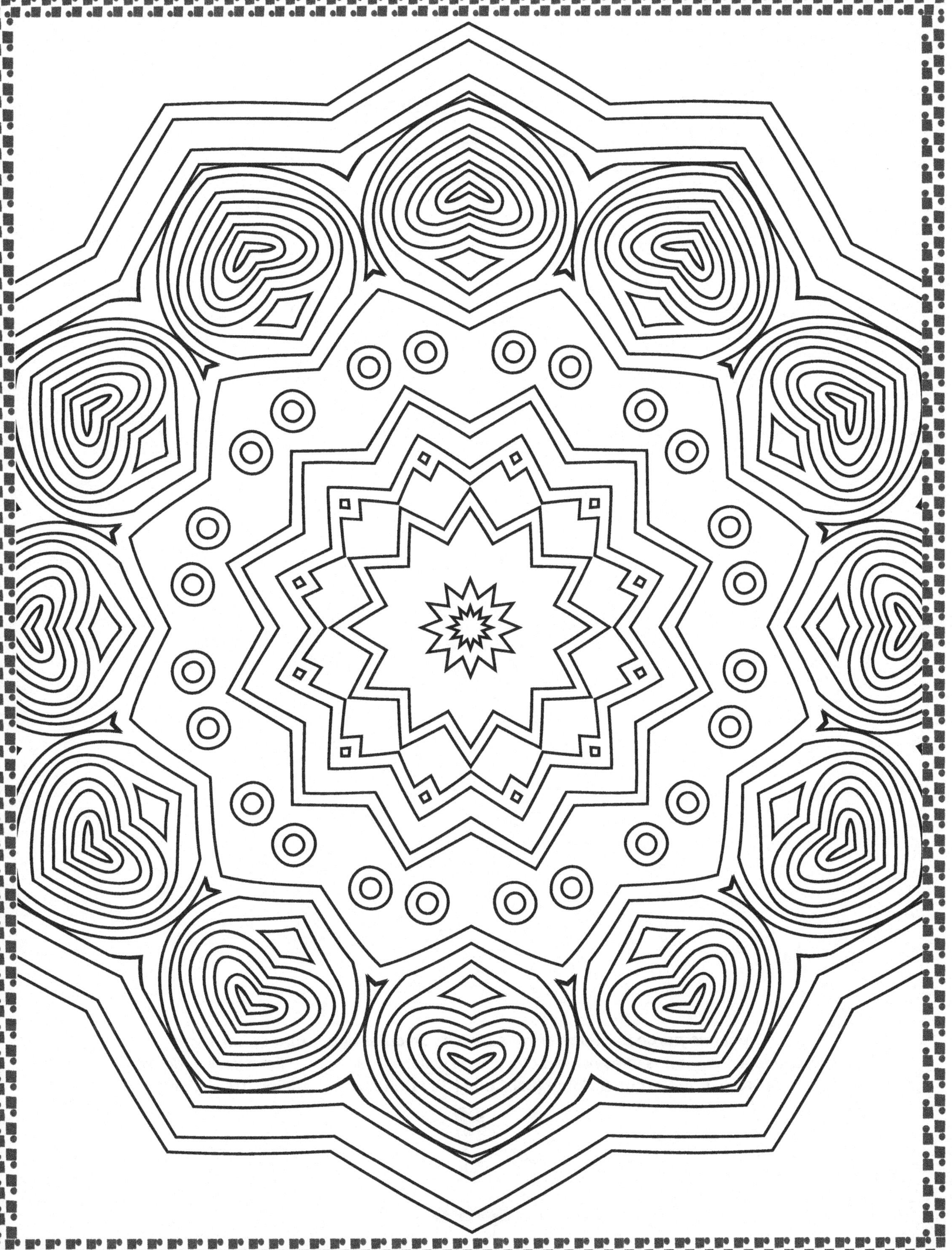

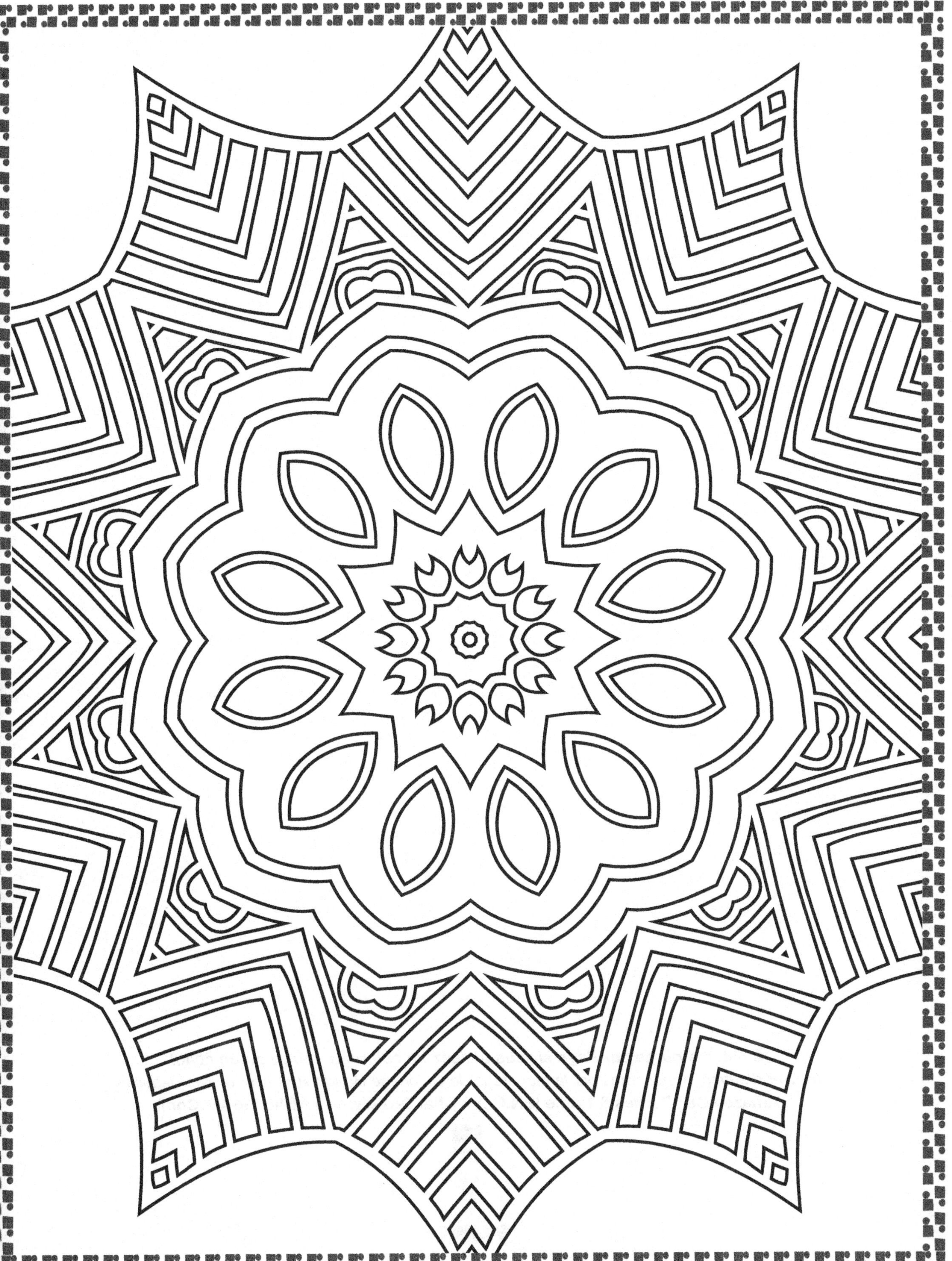

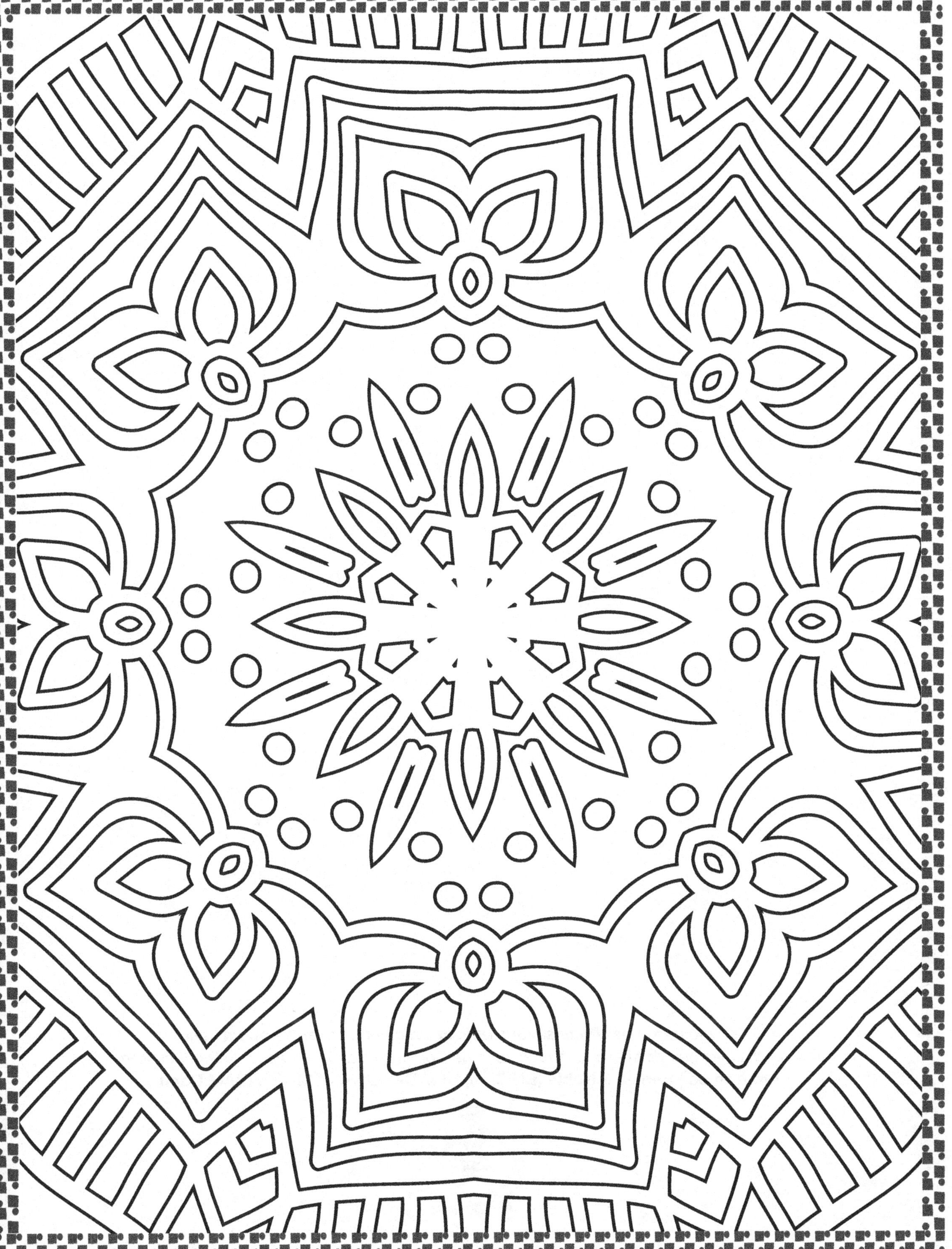

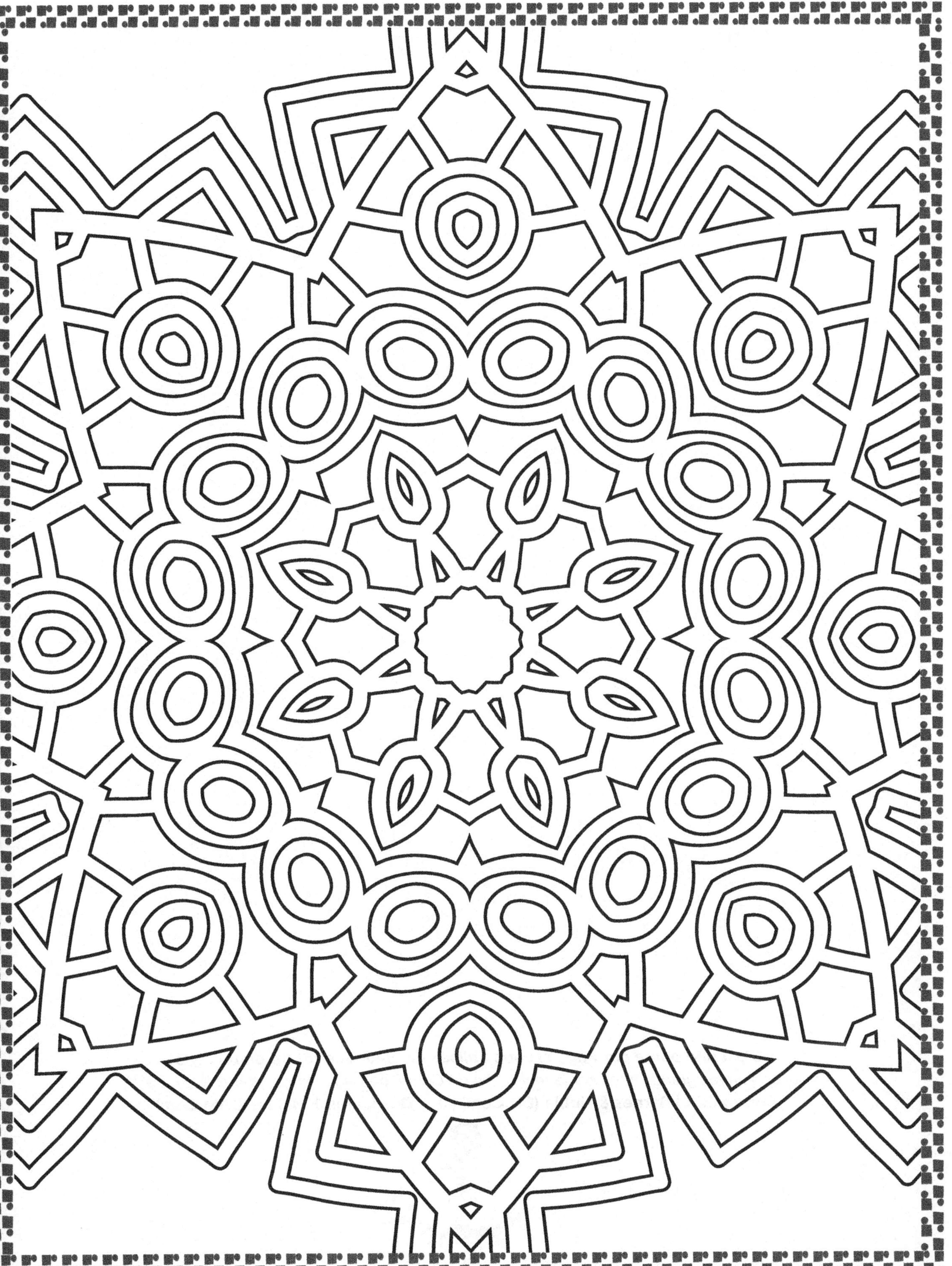

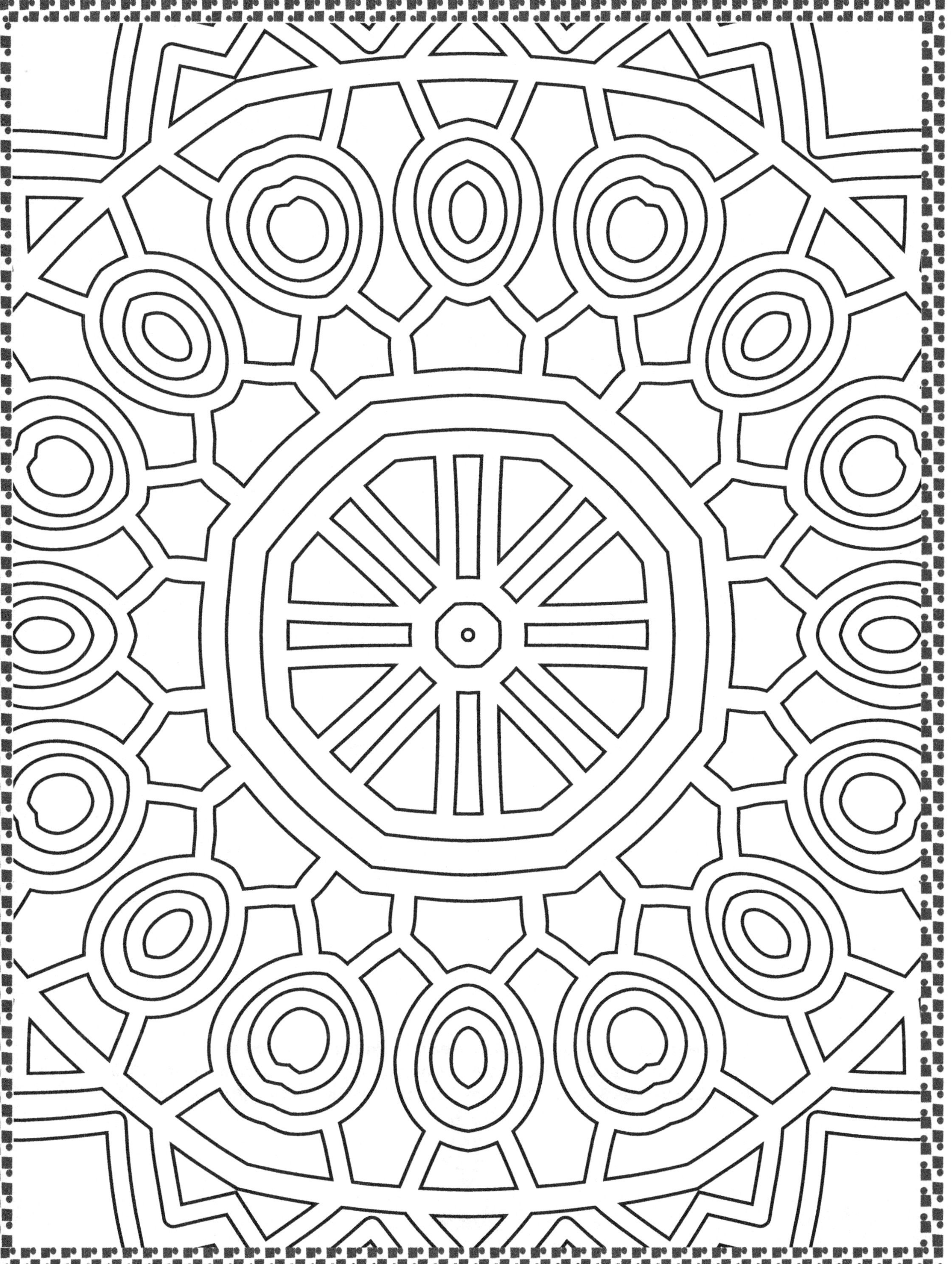

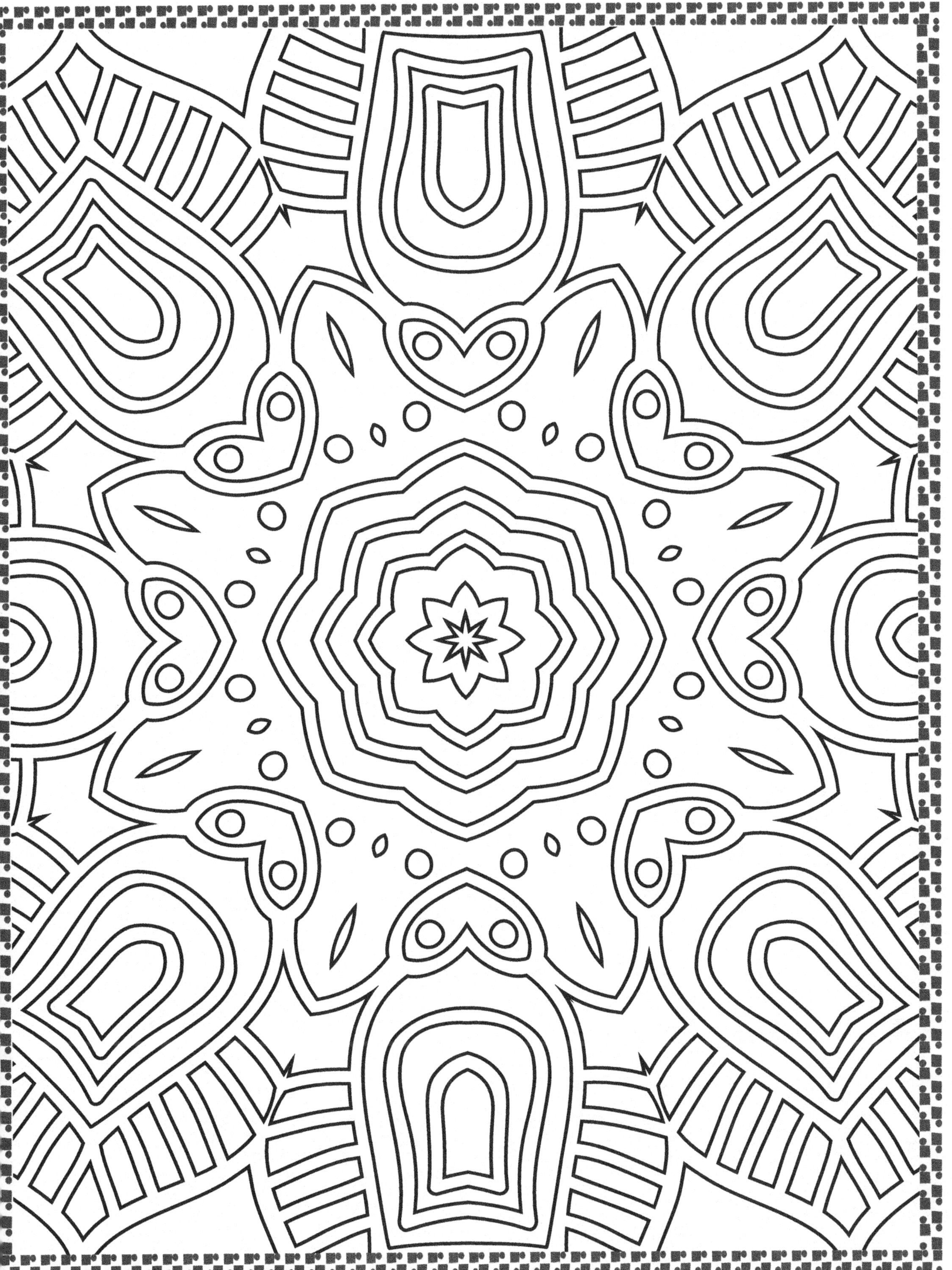

Made in the USA
Monee, IL
07 July 2026

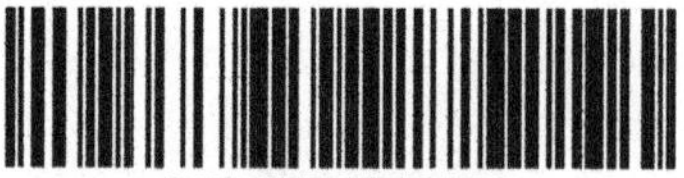